图说名人

《图说名人》编委会 编著

富兰克林
"印刷工"

Fulankelin
Yinshua Gong

南海出版公司

图书在版编目（CIP）数据

"印刷工"——富兰克林 /《图说名人》编委会编著. -- 海口：南海出版公司，2015.9（2024.8重印）
 ISBN 978-7-5442-7963-5

Ⅰ.①印… Ⅱ.①图… Ⅲ.①富兰克林，B.（1706～1790）－传记 Ⅳ.①K837.127=4

中国版本图书馆CIP数据核字（2015）第204937号

YINSHUAGONG——FULANKELIN
"印刷工"——富兰克林

编　著	《图说名人》编委会
责任编辑	张蕾
出版发行	南海出版公司　电话：（0898）66568511（出版） （0898）65350227（发行）
社　　址	海南省海口市海秀中路51号星华大厦五楼　邮编：570206
电子信箱	nhpublishing@163.com
经　　销	新华书店
印　　刷	天津旭丰源印刷有限公司
开　　本	787毫米×1092毫米　1/16
印　　张	7
字　　数	80千
版　　次	2015年12月第1版　2024年8月第3次印刷
书　　号	ISBN 978-7-5442-7963-5
定　　价	36.00元

南海版图书　版权所有　盗版必究

前言 TUSHUOMINGREN

本杰明·富兰克林(1706—1790)，美国最伟大的先驱者和美国民主的缔造者之一，著名的科学家、出版家、外交家、政治家、哲学家和实业家，美国独立运动的领导人，曾参与起草并签署了《独立宣言》和《美国宪法》。

1726年，富兰克林在费城独立经营印刷工厂。从此，富兰克林的事业生涯蒸蒸日上，开始创造一个美国梦的传奇故事：他印刷并发行影响巨大的《宾夕法尼亚报》；改进了当时每家都要用的取暖炉，使之能够把更多的热量留在屋子里而不是随着烟囱跑出去；发明了老年人使用的双光眼镜；从事电的研究——由他命名的电荷一词也被沿用下来，物理学中还一直在使用。1752年，他发明了挽救许多人性命和财物的避雷针。

后来，在政治领域，富兰克林率先提出了北美殖民地"不联合就死亡"的口号，并与杰斐逊起草《独立宣言》；而当美国制宪会议因为联邦体制问题争论不休时，富兰克林又欣然前往，进行调解。1771年，他出版了改变无数年轻人命运的《富兰克林自传》。这本书生动地记叙了富兰克林的成长历程，告诫年轻人积极向上，其影响深远。富兰克林在如此众多的领域成就斐然，美国历史上几乎无人能及。

目录

学徒生涯

爱学习的小印刷工 / 1
愤然离家 / 7
落户费城 / 11
流浪伦敦 / 17

合伙办厂

自立门户 / 23
组织"共读社" / 27
夹缝中求发展 / 32
《穷理查历书》大获成功 / 40
步入婚姻殿堂 / 44

科学巨人

多学科涉猎 / 47

发明避雷针 / 51

赴英请愿

针锋相对战业主 / 57

军民领袖 / 61

答辩会舌战群雄 / 69

心系北美殖民地

北美殖民地权益守护人 / 75

"赫金森信札"事件 / 81

在宗主国和殖民地之间 / 91

催生宪法 / 101

巨星陨落 / 104

爱学习的小印刷工

学徒生涯

◆ 图 说 名 人 ◆

富兰克林家族生息繁衍在英格兰诺桑普敦郡的艾克逊教区，保有30英亩的自由领地，另以打铁为副业。有籍可考的一代长子汤麦斯出生于1598年。他继承了富兰克林家在艾克逊的祖宅，也继承了铁匠这一营生。他在晚年将祖业交给自己的长子，而自己到了次子那里度过余生。

小汤麦斯是老汤麦斯四子中的长子。小汤麦斯虽然身为铁匠，但天资聪颖，在本教区的大绅士帕

※ 英格兰地图

> 知足使贫穷的人富有；而贪婪使富足的人贫穷。
> ——本杰明·富兰克林

※牛津郡在地图上的位置

莫先生的鼓励下,努力求学上进,获得了充当书记官的资格,成为地方上有名望的人,发起过从镇上到郡中的许多公益事业,在教区中受到哈利法克斯勋爵的赏识和赞助。

　　次子约翰是牛津郡班布雷村的一名呢绒染匠。三子叫本杰明,四子叫约赛亚。本杰明在伦敦学染丝绸,约赛亚则跟着二哥约翰当过学徒。四弟兄中,本杰明和约赛亚感情特别亲密。约赛亚早年结婚,1682年约赛亚带着妻子和三个孩子从英国漂洋过海,来到北美洲,迁居到新英格兰的波士顿城,以摆脱非国教信徒(约赛亚信奉非国教)在英格兰的非法地位。在波士顿,妻子又给他生了四个孩子后去世了。约赛亚又娶了阿拜亚·福格尔

为继室,阿拜亚·福格尔为约赛亚又生了十个子女。本杰明·富兰克林就是这十个子女中的一个,也是约赛亚最后的一个儿子。1706年1月17日,这个值得纪念的日子,享誉世界、流芳百世的伟人本杰明·富兰克林就在这一天降临人间。

　　约赛亚打算把这个小儿子当作十个儿子中的"什一税"送给教会,因此在小富兰克林八岁时,父亲约赛亚把他送进了语法学校读书,而他的九个哥哥都早早地当了各种行业的学徒。

　　也许是遗传的原因,小富兰克林从小勤学上进、聪颖机灵,在学校读书不到一年,便从一年级的中等生跃为全年级之冠,并提前升入二年级。这种情形使约赛亚的朋友纷纷称赞这个孩子将来一定会成为大学者。已来到波士顿的约赛亚的三哥,也认为侄儿这条路光明远大。然而,约赛亚却改变了主意:家庭负担沉重的他不得不考虑到儿子上学的费用高昂,难以供养,况且许多受过高等教育的人到头来仍然穷困潦倒。他踌躇再三,终于放弃了最初的志向,将小富兰克林转入一所写算学校就读。在那里,小富兰克林学得一手好字,但算术上进步甚微。到了十岁,小富兰克林停止了学业,回家帮助父亲经营,

"印刷工"——富兰克林

用牛油制作肥皂和蜡烛,干些剪烛心、浇灌烛模、照管店铺、打杂跑街的活计。

儿时起小富兰克林就对航海有一种痴迷。每有闲暇,他便和邻近的孩子们到水边去,很早就学会了游泳和划船。孩子们一同划小船玩耍时,常常让他指挥,特别是在遇到困难时更是如此。他总是孩子中的头儿。

快乐的时光总是过得飞快,转眼间两年过去了。两年中小富兰克林的职业问题一直困扰着父亲约赛亚。本来,小富兰克林的一个学习皂烛行业的哥哥结婚成家,离开了父亲,移居到罗德艾兰去了,父亲有意让小富兰克林继承自己的行当,但小富兰克林喜欢航海的志向又使父亲不敢过于专断,唯恐这个儿子不安心于本行而一事无成。于是,两年中,他常带着小儿子出去,到细木匠、泥瓦匠、镟工、铜匠铺去串门,看他们做活,还让儿子跟三哥的儿子萨穆尔学过一段制刀。这些经历使富兰克林对各种零活都能动手做一做,并在家里做一些小小的机械实验。

最后使约赛亚为小儿子择定行业的是儿子读书的嗜好。小富兰克林从小喜欢读书,辍学后,他仍抓紧空闲时间自学。他把父亲的大部分藏书都读了一遍,并把自己的一点零花钱都花在买书上。他买的第一部书是分作数册的《约翰·班扬集》,其中的《天路历程》是他最喜欢读的一本书。他还读过古希腊学者普鲁塔克的名著《希腊罗马名人传》,笛福的《计划论》,科顿·马德的《为善论》。正是由于这样的原因,父亲终于决定让小儿子做一名印刷工匠。富兰克林虽然一直盼望着能去航海,但比起制作肥皂蜡烛,他毕竟更喜欢印刷业。因而,在抗拒了一段时间后,富兰克林服从了父亲的安排,到哥哥詹姆士的印刷所当起了学徒工。

詹姆士并没有因为富兰克林是他的弟弟而给以特殊的照顾,他跟富兰克林签订了学徒合同。按照合同,小富兰克林学习印刷手艺直到21岁,只有最后一年,才能得到普通工人的最低工资,其余几年,只能得到免费的伙食、住宿和衣服。

在帮助哥哥詹姆士开展印刷业的同时,富兰克林依然没有荒疏自己的学习。

工作期间,富兰克林认识了几个书店的学徒和藏书爱好者,他常在晚间向人借书,彻夜阅读,第二天一早便送还,并且留心保持书的清洁,从不污损,因此,有书的人都乐于借书给他。他就这样如饥似渴地学习。这期间,他曾尝试

※扬帆海上曾经是富兰克林的梦想

过写诗,还在哥哥的鼓励下写了两首诗:一首题为《灯塔的悲剧》,叙述一位名叫华萨雷的船长和他的两个女儿沉船遇难的真实故事;另一首是《水手之歌》,讲述的是海盗提奇(又叫黑胡子)就擒的事。詹姆士将这两首诗印了出来,叫弟弟去沿街兜售。结果,《灯塔的悲剧》销路很好。正当小富兰克林沾沾自喜的时候,他的父亲约赛亚却出来阻止他了。父亲对儿子的诗句十分不看好,并告诉儿子说,作诗的人一般都穷困潦倒。多年以后,富兰克林承认自己那两首诗的格调低下,若真的去写诗,一定会是个"十分拙劣的诗人"。不过,对富兰克林一生具有重大意义的散文写作也始于这时期,恰恰又大大得益于父亲的指点和鼓励。

富兰克林有一个朋友叫约翰·柯林斯。柯林斯是波士顿城内一个爱读书的孩子,富兰克林和他交往很密切。当他们在一起的时候,往往对一些问题进行争论。有一次,两人对于妇女应否接受高深教育和妇女有否从事研究工作能力的问题辩论起来。柯林斯认为妇女天资低劣,不应受高深教育,也不能胜任研究工作。或许有几分是为了争辩而争辩,富兰克林则持相反的观点。到了分手的时候,柯林斯

"印刷工"——富兰克林

在辩论中占了上风,然而富兰克林认为柯林斯不是靠强有力的论据,而是以善辩、流畅的口才压倒了自己。于是,他便把自己的论点写在纸上,然后寄给柯林斯,以便在没有机会见面的随后几天中继续那场争论。柯林斯也用书面争辩来回答他。如此这般,双方都寄出了三四封信时,约赛亚无意中看到了儿子的信稿。他对孩子们争论的问题未加评论,只是借机谈起双方文章的体裁来。父亲告诉富兰克林,他的正确拼法和标点胜过了对方,在修辞和条理方面却相形见绌,并以文中几处论证当作实例。富兰克林信服了,决心要努力提高自己的写作水平。

此期间,一本杂志——《旁观者》第三卷给富兰克林以极大的启示。读了之后,他认为其中的文章"写得极好",便想当作样板来模仿。他选出其中的几篇,将每句的大意摘要记录下来,搁置几天后,再用自己的话把文章复原出来,然后将它和《旁观者》中的原文作比较,以便发现自己的缺点,加以修正。在此基础上,富兰克林又将这些散文改写成诗,一直到自己忘记了原文的结构时,再来设法将诗中的意思用散文表达出来,然后也和原文作比较,改正自己的缺点。这样做的结果是富兰克林学会了如何整理思想,使文章更具有条理性,富兰克林的写作技巧大大进步了。

富兰克林的学习时间不多,只有晚上下班后或早晨上工之前的时间才属于他,或者是星期日。为了更多地进行学习,富兰克林尽量减少用在其他活动上的时间。当时,尽管他认为做礼拜是人们应尽的义务,但还是常常设法从父亲的催督下躲避参加,独自一人留在印刷所,在练习写作和读书中自得其乐。在16岁那年,富兰克林偶然读到一个名叫特莱昂的人写的一本宣传素食的书,他便打算实行素食。当时,詹姆士尚未结婚,他和印刷所的学徒们都在另外一家包饭,富兰克林的素食使得那家人为他们备餐起来很不方便,并因此而受到哥哥的责怪。有一天,富兰克林向哥哥提出,把每月伙食费的一半交给他,由他自己来办理伙食,詹姆士马上就同意了。从此,富兰克林每顿饭以一块饼干或一片面包,一把葡萄干或一块果馅饼和一杯清水充饥,他用从伙食费中省出来的钱来买书。而且,每到吃饭的时间,詹姆士和其他人离开印刷所以后,富兰克林草草吃过东西,便可以利用剩下来的时间读书。素食使富兰克林获得了买书的钱和看书的时间,他的学习进度加快了。

就是在当学徒的这段时期里，富兰克林把在写算学校曾两度考试不及格的算术学了一遍，用的是柯克的算术书，又读了赛勒和舍尔梅的关于航海的书，从这些航海的书里，他接触到了几何学知识。他还读了洛克的《人类的悟性》和波尔洛亚尔派的作者们写的《思维的艺术》。富兰克林的学习日渐深入。

这个小印刷工就这样一边辛辛苦苦地工作，一边如饥似渴、千方百计地寻找机会读书学习。他以非凡的求知欲和刻苦精神，吸取着文化知识的养分，不自觉地为作为未来科学家、思想家和外交家的生涯架设了最初的牢固的梯级。

知识链接

洛 克

约翰·洛克（John Locke，1632年8月29日—1704年10月28日），英国哲学家、经验主义的开创人，同时也是第一个全面阐述宪政民主思想的人，在哲学以及政治领域都有重要影响。

洛克是不列颠经验主义的开创者，虽然他本人并没有完全贯彻这种哲学思想。洛克认为人类所有的思想和观念都来自或反映了人类的感官经验。他抛弃了笛卡尔等人的天赋观念说，而认为人的心灵开始时就像一张白纸，而向它提供精神内容的是经验（即他所谓的观念）。观念分为两种：感觉(sensation)的观念和反省(reflection)的观念。感觉来源于感官感受外部世界，而反省则来自于心灵观察本身。与理性主义者不同的是，洛克强调这两种观念是知识的唯一来源。洛克还将观念划分为简单观念和复杂观念，不过并没有提供合适的区分标准。我们唯一能感知的是简单观念，而我们从许多简单观念中能够形成一个复杂观念。

洛克还主张感官的性质可分为"第一性质"和"第二性质"。洛克相信世界是由物质构成的，物质的主性质包括形状、运动或静止、数目等和物质不可分离的那些性质，而次性质则包括颜色、声音、气味等其他各种性质。洛克认为主性质就在物体里，次性质只在知觉之中。在这问题上洛克是追随笛卡尔的二元论学说，同意有些性质是可以用人的理智来了解的。洛克开创的经验主义被后来的乔治·贝克莱以及大卫·休谟等人继续发展，成为欧洲的两大主流哲学思想之一。

"印刷工"——富兰克林

愤然离家

1721年，詹姆士力排众议，大刀阔斧开始出版自己的报纸《新英格兰报》。富兰克林的任务是把印出来的报纸送到城里各处的订户家中。詹姆士的朋友中有人为报纸写些短文作为消遣。令人高兴的是，这些文章使得报纸的声誉提高，销路更广。这些朋友常到印刷所来，在谈话中提到他们的报纸受到居民的欢迎。听到这些，富兰克林不禁怦然心动：自己也要在上面一试身手。

但哥哥不允许他写的文章在报纸上发表——在他眼中，弟弟始终不过是一个学徒，一个孩子。于是，富兰克林以一个名叫"赛伦斯·杜古德"的女子的身份用第一人称给报纸写稿。他给《新英格兰报》的第一篇文稿写于1722年4月2日。在他的笔下，杜古德出生在到新英格兰去的船上，父亲在旅途中丧命。到了新英格兰后，她和母亲住在离城不远的乡下。她的教师是一位牧师，他教她学习针线活、书写和算术，过了一段日子，那位牧师开始物色一位妻子。在几次向上层社会的女子求婚不成功后，他把眼光转向了杜古德。这里，富兰克林显然是以他的外祖父当年娶了他的女佣——富兰克林的外祖母——为原型加以虚构的。杜古德很欣赏她的教师，于是决定嫁给他，成了三个孩子的母亲，后来又成了寡妇，平静地住在乡村。

※1722年和哥哥合办的《新英格兰报》

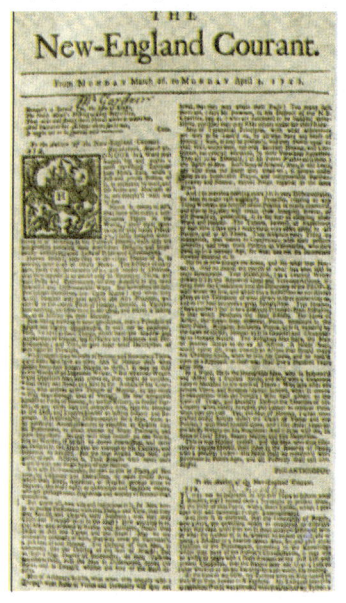

由于担心哥哥不给发表，文章写完后，富兰克林用伪装了的笔迹誊写后，在夜间将稿子塞进印刷所的大门。第二天早晨詹姆士开门时发现后，把它拿给自己的朋友看，文章居然得到了大家的赞许。詹姆士和朋友们猜测文章的作者，纷纷举出他们中的佼佼者的姓名。这样的评价使富兰克林在一旁听了喜出望外。对文章加以好评的这些人或许称不上什么专家名士，但正是这些无名人士的赞许增强了16岁的富兰克林在写作方面的自信心。富兰克林还撰写诗文讽刺当时在新英格兰的诗人中写得最多的挽诗，因为挽诗的作者常常将莫须有的美德和业绩加到死者身上来加以赞美和哀悼，使得挽诗具有一种虚伪的、套话连篇的格式。

不幸的事降临了，詹姆士的《新英格兰报》自1721年8月7日创刊以来，多次刊登代表当地激烈思想的文章向保守势力挑战，已经引起了地方当局的注意。为了除掉这个与众不同的新的声音，他们在等候时机。1722年6月，这个机会出现了。6月11日，《新英格兰报》登出一篇虚构的从新港寄出的信，信中说有人看到海盗在那一带海岸出没。文章刊出后，马萨诸塞参事会借口这是在造谣生事，诋毁当局，

> **知识链接**
>
> ### 《富兰克林自传》选读①
>
> 我从小就爱好读书，我一直把我手上的全部零用钱都花在书上。因为我喜爱《天路历程》，所以我一开始就收集约翰·班扬文集单独发行的小册子。后为我把它们卖了，用这笔钱买了柏顿的《历史文集》。这些是开本很小的由小贩们贩卖的书籍，价格便宜，全集共有四五十册。我父亲的小图书馆收藏的主要是一些有关神学论辩的书籍，其中大多数我都读了。但是既然当时业已决定我不做牧师了，正当我的求知欲那样旺盛的时候，我没有机会阅读更适当的书籍，迄今常使我感到遗憾。在那里有一本普鲁泰克的《英雄传》，我读了不少，我还认为读这本书所花的时间是非常值得的。那里也有笛福的一本名为《论计划》的书，另一本是马太博士的书，名为《论行善》。这本书可能在我思想上形成了一种对于我以后一生中的某些重大事件都有影响的倾向。

下令逮捕了詹姆士，审讯以后将他关押在波士顿的石筑监狱里。一个

多月后，波伊尔斯顿医生为詹姆士出具证明说，犯人的健康因监禁受到损害，詹姆士才得以获释。

在哥哥锒铛入狱期间，富兰克林义无反顾地担负起印刷所的工作。他的第八篇署名为杜古德的文章标题是《一篇伦敦杂志的摘要》，文中写出了他的心声："没有思想自由就没有智慧这类东西；而没有公众自由这类东西就没有言论自由；这是每个人的权利，正如由于这权利，他不能损害或控制他人的这一权利……谁要颠覆一个国家的自由，必先压制言论自由。"他又写道："一段日子以来，我有这样一个问题：对一州来说，危害更多的是虚伪地声称忠实于宗教还是公开地亵渎神圣。但最近的一些这种性质的思想使我倾向于认为两者中伪君子更为危险，特别是假如这个人还占据着政府的职位的话……如果在新英格兰我们有了或像是有了这样的例子，我们只有这样做才能最好地证明我们对宗教和国家的爱。那就是，把欺骗者置于光天化日之下，使受骗者不再受骗……"富兰克林在支持自己的哥哥。

《新英格兰报》在舆论界独树一帜的面貌依然故我。参事会是不能容忍这样的事情发生的，他们下令"禁止詹姆士·富兰克林继续出版《新英格兰报》或任何其他这类性质的小册子或文章，除非事先经过本省秘书的检查"。

形势所逼，詹姆士和他的朋友们包括富兰克林在内想出了一个应对计策。那就是以本杰明·富兰克林的名义继续办报。詹姆士将当初哥俩签订的师徒合同还给富兰克林，并在合同背后注明解除合同规定的一切业务，意在不引起州议会的非难。同时，为了保障詹姆士作为老板和师傅的权益，双方另外签订一份新的适用于未到期的师徒关系的合同，这份合同将不予公开。

※ 现代化印刷设备

很快，弟兄俩将这些办妥了。这样，《新英格兰报》以本杰明·富兰克林的名义继续发行。

几个月过去了，富兰克林兄弟俩之间的不和日益表露出来，最后到达水火不相容的地步。

自从富兰克林听从父亲的话进入哥哥的印刷所以来，詹姆士就视弟弟为普通学徒，认为弟弟应当像其他学徒一样为自己服务。富兰克林则认为两人是一母同胞，詹姆士对待自己应有别于其他学徒，所以常常感到哥哥的某些要求过分地降低了自己的身份。有时候，两人在父亲面前为此发生争执，富兰克林一般都能得到父亲的支持。但是，更多的时候，是在印刷所冲突起来，詹姆士的脾气急躁，常常对弟弟拳脚相加，伤害了两人的手足之情。富兰克林一直觉得学徒生活令人生厌，渴望能早日结束它。前一年，当富兰克林用化名为报纸写稿的事被发觉后，一向拿他当孩子看待的詹姆士的朋友们不禁对他刮目相看。而詹姆士当初虽然也曾赞赏过那些文章，但一旦知道它们是弟弟所写并因之受到朋友们的器重，心里却感到不是滋味，唯恐弟弟会过分自负，更加不服管教。兄弟之间的矛盾由此加深。

虽然在哥哥被捕入狱的那段期间，富兰克林站在哥哥一边，撰文对当地统治者冷嘲热讽来支持哥哥，但是他希望摆脱学徒地位的心愿没有变。这次詹姆士表面解除与弟弟的师徒关系无疑是一次机会。尽管暗中有另一份合同，但富兰克林料定哥哥在当时的情势下是不敢将它公开的。在那以后的几个月中，富兰克林常常利用旧合同已被作废的事实来维护自己的自由和权利的做法，更加激怒了詹姆士，从而对待弟弟更加暴戾恣睢。

万般无奈之下，富兰克林做出决定：离开这个印刷所，离开哥哥，结束学徒生涯。詹姆士为了阻止他这样做，走遍了城里的印刷所，对每一个老板打招呼，使他们全都拒绝雇用富兰克林。富兰克林打听到300英里之外的纽约有一家印刷所，便打算到那里去做工谋生。然而，公开离开波士顿是不可能的。因为在富兰克林提前离开哥哥的印刷所这件事上，他们的父亲是维护哥哥的权益（那是合同规定的合法权益）的，必然会设法阻止他，所以他只能秘密行事。

富兰克林找到了好友柯林斯，在柯林斯的大力帮助下，1723年9月底10月初，17岁的富兰克林登上了一艘去往纽约的帆船，三天后，富兰克林成功地来到了纽约城。

落户费城

到了纽约,富兰克林直奔城里的印刷所,找到了那里的老板威廉·布拉福德。布拉福德原是宾夕法尼亚的第一家印刷所老板,数年前,他将在费城的店铺留给儿子经营,自己迁到了纽约。在听说了富兰克林的来意后,老布拉福德说他那里的生意不多,人手已经够用,所以他不能雇用富兰克林,但是他在费拉德尔菲亚(以下简称费城)的儿子正好缺少一个帮手,如果富兰克林到费城去,小布拉福德可能会雇用他。布拉福德的话使富兰克林在失望之余又看到了新的希望。他决定继续踏上征程,奔赴距纽约100英里的费城。

坐船经过阿姆波伊时,富兰克林将箱子和铺盖留在那里交由海路托运,以便减轻陆路跋涉时的重负。帆船继续前行。在横渡海湾时,狂风骤起,撕碎了破烂的船帆,并把无法定向的船吹往相反方向的长岛。

航船渐渐接近了长岛,船上的人向岸上眺望,却发现他们无法靠岸,因为那里的海滩上浪潮汹涌,礁石丛立。富兰克林一行人除了等待风势减弱再重新起航外,别无办法。

幸运的是,第二天海风渐小,他们摆渡到了阿姆波伊。至此,富兰克林已和旅伴们在水上度过了30个小时,没有食物,全船只有一瓶混浊的甜酒。那天夜里,富兰克林发起高烧,身边既没有亲友

※纽约联合国总部

照料，又没有钱财求医治病。在求生欲望的驱使下，富兰克林按照不知什么时候在哪里读到过的一则偏方，喝下大量的凉水。出了大半夜的汗以后，第二天早上，富兰克林的高热果然退去。

这一天上午，疲惫的富兰克林顾不上休息，冒着大雨徒步走向50英里以外的伯林顿。在那里，据说有船可以搭乘去费城。中午时分，浑身湿透的富兰克林在一家小客店住了下来，由于外表狼狈不堪，甚至被人们怀疑是私自外逃的佣仆。第二天，富兰克林已经赶到了距伯林顿8到10英里的地方，当晚在一家客店住下。这家客店的主人叫布朗，是名医生，他在和富兰克林攀谈时，言及欧洲许多国家的主要城镇，见识很广，却不大信教。富兰克林猜他曾是一位游方郎中。布朗见富兰克林读过一些书，便待他十分友好和气。自此之后，两人一直保持着友好往来，直到布朗医生撒手人寰。

稍作停留，富兰克林又匆匆赶到了伯林顿，但开往费城的定期航船在他到达前不久已启程离港，下一班去费城的船要到下星期二才有。心情沮丧的富兰克林回到城里，找到刚才去码头路过时曾向她买过姜饼的老妇，向她讨教自己该怎么办。那老妇人请他就住在自己家里，等候班船。富兰克林接受了老妇人的邀请，留在了老妇人的家里。老妇人招待富兰克林吃了一顿牛肉饭，富兰克林则拿出一壶啤酒给那妇人作为答谢。吃过饭，富兰克林信步走出屋去，来到河边，和一条新到航船上的人搭讪，却打听到这条船是到费城去的，当下便上了船。马上，船起航了。

第二天，也就是星期日上午八九点钟，船在费城的市场街码头靠了岸。

靠着街上孩子的指点，富兰克林来到城中第二街的一家面包铺，向店家买了三个便士的面包卷。富兰克林穿着那套肮脏不堪的工作服，衣袋里鼓鼓地塞着衬衣和袜子，样子十分窘迫。他的全部现金只有一元荷兰币和一先令左右的铜币。出乎富兰克林的意料，他拿到了三个鼓鼓的大面包卷。原来，费城的物价比波士顿低。富兰克林两臂各夹一个面包，手里拿着第三个，一路边走边吃，一直走到了第四街。经过一家人家的屋宅时，一位姑娘碰巧站在门口，看到了富兰克林一边走一边狼吞虎咽的样子。富兰克林也瞥见了她的目光，一时间感到十分难堪，便折转身向另一方向走去，一边仍在吃着面包卷。

"印刷工"——富兰克林

他一路经过板栗街和胡桃街的一段，再转了一个弯，发现自己又回到了市场街码头。他搭乘来此的那只船还在码头，一个同船来的妇女带着孩子还在船上，等待开船继续赶路。富兰克林把剩下的两个面包卷给了他们，便离开了码头，向街上走去。

碰巧，街上有许多衣饰鲜明的人向同一个方向走去，富兰克林没有多想就加入了他们的行列，这样他便被带入了市场附近一所教友会信徒的大会堂，又跟着大家坐了下来。他四下里看了看，还没等到有什么人说话，便沉沉地睡去，直到有人好意地叫醒他，才知道散会了。至此，富兰克林在吃过了他在费城的第一顿饭后，又睡了在费城的第一觉。

走出了那会堂，富兰克林向一位面色和善的年轻的教友会信徒打听外地人可以住宿的旅店，从而被指引到了水街的"曲棒"旅店住下了。在这里，他不顾店里人对他猜疑的目光和询问，兀自饱食了中餐和晚餐，酣睡了一个下午和一夜。第二天清晨，重又精神抖擞的富兰

✖伯林顿城市风光

13

克林尽可能将自己收拾齐整，前往安德鲁·布拉福德的印刷所。

在安德鲁·布拉福德的印刷所，富兰克林意外地看见了布拉福德父子两人。原来，威廉·布拉福德从纽约骑马先到了费城。父子俩招待富兰克林吃过早餐，然后告诉他说，印刷所最近刚添了一个工人，因此不需要人手，但城里的一家新开的印刷所或许可以雇用他。即使那家印刷所不要人，富兰克林也可以暂住在这里，干些零活，直到他找到工作。听到这里，富兰克林有些踏实了的心又悬了起来。

令富兰克林高兴的是，新开的印刷所老板凯梅尔答应不久便可以雇用富兰克林。果然几天之后，凯梅尔要富兰克林到他店里干印刷工作，不久又让富兰克林从布拉福德那里搬出来，住到他那里去。

工作不久，富兰克林发现印刷所设备破旧，老板凯梅尔虽有些学识，有时还写点诗，但写得不好，更重要的是凯梅尔不懂印刷。为这样的老板干活，富兰克林对自己的技艺充满信心。

至于住宿之处，似乎巧得有些戏剧性。凯梅尔自己有所住宅，但里面没有家具，还空着。为了安置富兰克林，他便在自己的房东瑞德先生家里为新帮工联系好了寄宿。待到富兰克林搬来时，却发现这就是他在初到费城那天啃着面包经过的那家屋宅，那天站在门口看到了他的狼狈模样的姑娘是房东的女儿瑞德小姐。瑞德小姐后来成了他的妻子，当然，这时，他们刚刚相识。

就这样，富兰克林在费城安下了身。白天做工，晚上和城里新结识的喜爱读书的青年们一同度过。由于勤俭，他还攒了一点钱，日子过得十分惬意。对于波士顿的亲友们，他严守自己行踪的秘密，只给柯林斯一个人写信，而柯林斯也注意为他保密。可是，富兰克林的第一个自由的冬天刚刚过去，他的姐夫找到了他，令他不久后便重返故乡波士顿。

值得一提的是，在费城期间，费城的吉斯州长很欣赏富兰克林，觉得他是个有远大志向又才华横溢的青年，应当给以帮助和鼓励。他认为费城的印刷所印刷质量低劣，只要富兰克林有志在那里开业，前途不可限量。他表示愿意帮助招揽公文印刷生意，还可以在其他方面给以照顾。富兰克林考虑了一番，说父亲不一定愿意出资帮助他独立开业，州长马上表示准备写一封信让富兰克林带给父亲，相信可以说服他。

1724年4月底，富兰克林向老板

"印刷工"——富兰克林

凯梅尔告假，带着州长写的一封厚厚的信，登上了开往波士顿的船，返回离别了半年之久的故里。

旅途顺利，十几天后富兰克林平安抵达波士顿。这时，富兰克林在波士顿的亲人还没有从霍尔莫斯那里听说他的消息，因此，当他意外地出现在他们面前时，全家人都喜出望外，父母兄弟姐妹都忙着问候他、款待他。只有一个人例外，那就是他的哥哥詹姆士。

富兰克林把吉斯州长写给父亲的信郑重交给父亲，阅过信后，父亲颇感意外，一连几天闭口不谈这件事，直到富兰克林的姐夫霍尔莫斯船长回到了波士顿，才把那封信拿给他看，并向他打听吉斯州长其人。霍尔莫斯极力在岳父面前支持州长的看法，指出这一计划的可行性。但约赛亚认为吉斯州长对这事的考虑欠周到，力图让一个尚未成年的孩子去开业是件不靠谱的事。因此，他在给吉斯州长的回信中感谢州长对儿子的赞赏和栽培，但措辞委婉地表示他不能资助儿子开业，原因是儿子年纪太轻，不堪信赖去经营管理这样需要大笔资金才能开办的企业。对儿子，约赛亚很是高兴。他看到儿子得以从当地有声望的人那里得到这样一封满是溢美之词的信，得以在短时间里靠自己的勤奋在举目无亲的环境中安下身来，感到由衷的欣慰。

一次，富兰克林抽空去看望了哥哥詹姆士，詹姆士却冷淡地接待了他。印刷所的工人们却很热情，七嘴八舌地打听费城的各种事情和富兰克林在那里生活的情景。那天，富兰克林穿了一身考究时髦的新西装，挂着一块怀表，衣袋里装有价值5英镑的银币。当工人们问到费城用什么样的钱时，他就拿出一把银币给他们看，并让他们看自己的表，还送了一块钱给他们买酒。不妙的是，这些无心的举动都被詹姆士看作是在他的工人面前侮辱他。自始至终，詹姆士都在冷眼旁观。

富兰克林还去看望了好朋友柯林斯。柯林斯听了富兰克林对费城的描述，决定也要上那里去。他辞去了在邮局的差事，先从陆路往罗德艾兰去了，而把他的数量不少的书籍托付给富兰克林运送到纽约去。两人约定在纽约碰头，再同去费城。

由于詹姆士拒绝和解，父亲便允许富兰克林仍回费城。临行前，他告诫儿子，在费城应尊重当地人士，切忌妄发议论——他显然认为儿子性喜如此，只要富兰克林辛勤劳动并节俭，到三年之后成年时，富兰克林自己就有可能攒足资金去开业。到那时，倘若积蓄还不够所

※ 费城著名的避雷针景观设计

需数目,他会帮忙凑足。于是,富兰克林又踏上了七个月前的离家之路,不同的是,这一次获得了家人的允准和祝福。

从纽约,富兰克林和柯林斯同行回到了费城。他把父亲的信给州长看了,州长却认为老富兰克林太过谨慎,并说:"既然他不愿帮你开业,我来帮你。你把必须从英国购买的东西列一张单子,我去订购。等你有能力时再还给我。我坚决要让这里有一家好印刷所,我也相信你一定会成功。"富兰克林被吉斯话中的诚意所打动,便列出了一家小型印刷所所需的设备和物品,价值100英镑左右。吉斯过目以后,又提出由富兰克林自己去英国选购,不仅可以检查各种设备的质量,而且可以借机认识一些书商,为日后出售书籍文具建立某种联系。富兰克林赞同他的看法。

在等待去英国选购设备的这段日子里,富兰克林和房东瑞德先生的女儿黛博拉恋爱了,并且谈到婚嫁,却遭到瑞德太太的反对。瑞德太太一则认为他们都很年轻,刚过了18岁;二则知道富兰克林即将去英国办事,因而提出,如果要结婚,必须等到富兰克林从海外归来、自己开业之时。

流浪伦敦

去伦敦的日期已经确定，马上就要动身了。但启程之前还有一项重要准备工作没有完成，那就是吉斯州长的信一直未能取到。这些信是州长托富兰克林带给吉斯在英国的朋友的，只有靠这些信件的介绍和推荐，年轻的富兰克林才能从银行取到款项去完成此次远行的使命。

州长指定领取信件的日期一次又一次地后延，直到开船前夕富兰克林最后一次去取信并辞行时，州长秘书鲍尔德博士出来见他，说州长正忙于写信，在开船之前他会到纽卡斯尔去把信件交给富兰克林。富兰克林听后放心而去。

富兰克林回到住所，和黛博拉好一番山盟海誓，依依惜别，又辞别了朋友们，便登船离开了费城。不久，船在纽卡斯尔停靠了。吉斯先生果然在城里，然而公务缠身，无暇接见，仍是秘书出来，传达了他的措辞谦恭的口信，并说将把信送到船上去。富兰克林见此，不由

※ 富兰克林的太太黛博拉·瑞德

得有些困惑，但也只得回到船上，一心等信。

船上的正舱（头二等舱）已经包给了几位先生，富兰克林只能乘坐三等舱了（下舱）。船开前，弗兰奇上校到船上来了，他在向富兰克林招呼，他问候时的恭敬态度使得正舱里的乘客对这个青年刮目相看。碰巧正舱里的乘客、名律师安德鲁·汉密尔顿父子因汉密尔顿先生突然被重金聘用，下船回费城去了，正舱里的绅士们便邀请富兰克林搬进了正舱。

弗兰奇上校下船去了。富兰克林料想他已经把州长的信函送到船上了，便向船长要那些委托他面交的信，船长答应到达英国前让他去拿出来。但是，在船已驶入英吉利海峡，航程即将结束时，富兰克林从信袋中翻寻，却找不到一封托他面交的信。他拣出六七封信，从笔迹看有可能是与他有关的信，因为其中有一封是写给皇家印刷所的巴斯克特，另几封是写给文具商人的。

1724年12月24日，商船在伦敦港口抵岸，富兰克林下了船，先按信封上的地址找到一个文具商，把信交给了他。文具商拆信看过，却愤愤地说道："哼！这是列德斯顿写来的，近来我发现他完全是个骗子。我已和他没有来往，我也不收他的信。"说着，他把信退给了富兰克林。

得知此信并非吉斯所写，富兰克林惶惑了。他找到在船上同舱、也是新结识的年长的朋友托马斯·德纳姆先生，把事情的经过全都告诉了他。德纳姆听完后，断定吉斯州长根本没有替富兰克林写什么信，而且他在伦敦也没有信用可言，根本无法向人作任何推荐和担保。至于那封列德斯顿的信，他们从它的内容中看出有一个陷害汉密尔顿先生的阴谋，吉斯和列德斯顿都牵涉其中，便决定要让汉密尔顿先生知道这件事。随后也来到伦敦的汉密尔顿先生以富兰克林通知他此事为契机，成了富兰克林的朋友。对于吉斯州长，尽管富兰克林后来仍承认他在任期间政绩卓著，不失为一位好州长，但对于他不负责任地欺骗一个毫无人生经验的大孩子，一直感到十分不解和愤慨。

由于出了这么一个岔子，富兰克林身上没钱了。为了维持生活和积攒回费城的旅费，富兰克林听从了德纳姆先生的劝告，很快便在巴托罗缪巷的一家著名印刷所找到了工作，印刷所的老板叫塞缪尔·帕尔默。在印刷所，

"印刷工"——富兰克林

富兰克林被派为吴莱斯顿的《自然宗教》第二版排字。在排字过程中，他发现吴莱斯顿的有些理论的论证并不充分，便写了一篇短短的哲学论文《自由与贫困、快乐与痛苦论》来批评那些理论。这使得老板帕尔默看出他是有才能的人而器重他。富兰克林将自己写的文章印了100份，馈赠给了一些朋友，把其余的付之一炬，因为"感到它可能有不良倾向"。可是有一份偶然地落入了外科医生莱恩斯手中，因之两人相识了。莱恩斯写过一本《人类判断的不谬性》。他介绍富兰克林认识了《蜜蜂的寓言》的作者伯纳德·曼德维尔和彭伯顿博士。从此富兰克林开始和英国的知识界人士交往。彭伯顿还曾答应找机会带他去见伊萨克·牛顿爵士，但一直没能做到。

富兰克林还和汉斯·斯隆爵士——英国皇家学会的秘书长，牛顿去世后又继任学会会长——做过一笔小小的交易：斯隆爵士知道富兰克林有一个火绒布（这种材料须用火洗涤）做的钱包后，便去拜访他，邀他参观自己在布鲁姆斯伯里广场家中的珍藏，并买下了他的钱包。

令富兰克林更高兴的是，在此期间，他结交了小不列颠街住处

知识链接

《富兰克林自传》选读②

我要记载这个好人性格中的一个特点。他过去曾经在不列斯多经商，但是亏了本，欠了许多人债，无力还清，只好赔偿了一部分债款了事，以后他到美洲去了。在那里，他专心一意地经商，在几年之内竟积蓄了一笔巨大财产。跟我同船回到了英国以后，他请了旧日的债主来吃饭，感谢他们过去对他债款的宽大处理。这时候客人们以为只是款待他们，别无期待，但是当他们移动碗盘时，发现在各人的盘子下面放着一张支票，除了全部未付清的余数外，还有利息。

隔壁的书商，并达成协议：富兰克林出一笔不大的费用，便可借阅书商的任何书籍。富兰克林用这种方法，充分利用了那书商所拥有的大量旧书。

为了寻求更大的发展，1725年底，富兰克林离开了帕尔默的印刷所，在一家规模更大的印刷所——林肯协会广场的瓦茨印刷所找到了一份工作：当一名印刷工。进入这家印刷所后，富兰克林成为

※ 现代化印刷车间

唯一不喝酒的工人，其余的约50名工人全都嗜好啤酒如命。一个啤酒店的学徒经常来到印刷所为工人们送酒。有的工人每天早餐前喝一品脱啤酒，早餐时喝一品脱，早餐和午餐之间一品脱，午餐时一品脱，下午6点左右一品脱，下班后还要喝一品脱，据说是喝浓啤酒可以使人有力气。然而，被称为"喝水的美洲人"的富兰克林可以双手各提一版铅字上下楼梯，而这些嗜酒者却需要两只手捧一版铅字。由于不喝酒，富兰克林每周可以节省四五先令。几周后，富兰克林被调到排字间去了。由于那里的工人要他交一笔他在印刷间已经交过的"酒费"——实际上是一种进入工人团伙的会费，富兰克林和他们僵持了两三个星期。最后由于工人们常对他作恶作剧，富兰克林妥协了，并总结了一条小小的经验，即"跟那些经常同你相伴的人交恶是愚蠢的"。除此之外，富兰克林由于经常被请求替嗜酒者垫付酒钱，到发薪日才能收回——有时一周多达30先令；还由于被公认是一个高明的幽默讽刺家，他在工人中的威信很高。同时，他从不缺勤，受到老板的另眼相看。在排字间工作期间，他由于排字异常迅速，总是被派完成急件，而这类工作的报酬一般比

"印刷工"——富兰克林

较高,他的生活大大改善了。

为工作生活更方便,富兰克林从距离太远的小不列颠街住处搬到了公爵街天主教堂对面的一个人家,因这户人家中只有一个寡妇和她的女儿、一个女佣人,想到家里有一个男人住着可以得到些保护,房主只按他原来的房租标准向他收取每周3先令6便士。后来因富兰克林打听到更便宜的住所,房租又被减为每周1先令6便士,这在伦敦已经没有更低的价格了。由于富兰克林平素早睡早起,安分守己,而房东太太因旧日的社会交往知道许多上层社会的逸闻轶事,谈吐十分风趣,使得富兰克林十分留恋他们晚餐后的闲聊,主客之间相处十分融洽。

富兰克林在瓦茨印刷所结识了一位新朋友,一个叫威格特的工人。威格特有有钱的亲戚,懂一些拉丁文,会说法语,喜爱读书,在文化修养方面在工人中可谓鹤立鸡群。在他们的交往中,富兰克林教会了他和他的一个朋友游泳(当时正值1726年春夏之交),他娴熟的游泳技巧博得了他以及他的亲友们的赞叹和羡慕,加上在学习上两人对同样的问题感兴趣,友情逐渐加深。最后,威格特向富兰克林提议一同去欧洲旅行,靠在各地印刷所打

工维持生活,得到富兰克林的赞同。阻止这一计划实施的是富兰克林的忘年之交德纳姆先生。

在伦敦生活的这段日子里,富兰克林和这位在船上认识的朋友的联系未曾中断。富兰克林对德纳姆十分尊敬,特别是对他过去的一段经历印象十分深刻。原来,德纳姆曾在布列斯托尔经商亏了本,欠了许多人的债,但受到债主的宽宥。他在到美洲做生意挣得大笔钱财后回到了英国(即和富兰克林同船返回),设宴款待他旧日的债主们,以感谢他们当年的善意。客人们也别无他图。但是一道菜用过,他们发现各自的盘子下放着一张支票,上面的款额正是当年德纳姆未能偿还的债款,还加上了利息。这位先生的为人深受富兰克林的敬仰,他的意见也得到富兰克林的尊重。德纳姆先生听了威格特的计划后,不以为然,劝富兰克林仍应作准备回到费城去。然后他告诉富兰克林自己不久将回到费城,准备在那里开设一家商号,目前正在采购货物。最后他提出愿意雇用富兰克林为店员,替他管账、簿记、守店,并允诺将来要提拔富兰克林,使他发财致富。虽然眼下的年薪为50镑宾夕法尼亚币,但富兰克林看中了跟着德纳姆先生干的前途,所以毫不犹

※ 在伦敦等地的经历使富兰克林开始更多地反思过去、展望未来

豫地辞去了印刷所的工作,尽管德纳姆给他的报酬少于他在印刷所的工资报酬。

富兰克林日日伴随德纳姆先生忙于做到北美开店的各种准备工作。

1726年7月23日,富兰克林随德纳姆从伯克郡的格雷夫森德上船,向北美洲扬帆而去。富兰克林用以支付船钱的是德纳姆预付的10英镑工钱。

在长达两个半月的海上旅途中,富兰克林参观了怀特岛的新港——英王查理一世的囚禁地;在该岛的雅茅斯和同船乘客经历了在沼泽地过夜之险;观看了大西洋上无数的景物。但富兰克林脑子里考虑得最多的是反思过去和展望未来。这已是第二次航行在伦敦—费城航线上,青年富兰克林同一年半以前初次远航时已有了显著的变化。异乡的生活给了他收获,也留给他创痛,使他成熟了。他不再是这条航线上初次出现的那个懵懵懂懂、深感前途未卜的小伙子,而是在一段既为锦绣之乡又是荆棘之地的人生道路上摸索过也奋斗过而没有倒下、自信前程一片光明的勇敢青年。

自立门户

1726年10月11日，富兰克林结束了伦敦的十九个月生活后，返回了费城。

回到费城后的最初几个月，富兰克林忙于他的新活计。德纳姆先生在水街租下一家店面，在那里出售从伦敦购回的货物。富兰克林照料生意，跟德纳姆学习记账。不料好景不长，1727年2月，德纳姆一病不起，不久离世，留给富兰克林的是免去了他欠自己的债款和10英镑返回美洲的旅费，而铺子由遗嘱执行人接管，富兰克林失去了在德纳姆铺子里的工作。他那从英国归来前夕憧憬跟着德纳姆学做生意而后发家致富的人生远景也像海市蜃楼一样消失不见。刚刚年满21岁的富兰克林得重新开始。

正在费城的姐夫霍尔莫斯劝他仍从印刷业谋出路，原来的雇主凯梅尔也以高薪为条件，希望富兰克林回他的印刷所，替他管理印刷方面的生意，以便他腾出空来照料新开业不久的文具店。由于一时找不到其他适当的工作，富兰克林接受了凯梅尔店里的职务，成了一名工头。

※ 美元上的富兰克林头像

合伙办厂

◇ 图 说 名 人 ◇

名人名言

相信金钱万能的人，往往会一切为了金钱。
——本杰明·富兰克林

知识链接

结盟梅莱迪斯

　　有一天，富兰克林同往常一样在二楼的印刷间干活，忽然从城里法院的方向传来一阵巨大的喧嚣声。富兰克林不由得把头伸出窗外，看看发生了什么事情。正在外面街上的凯梅尔见了，立即气势汹汹地指责他不应管闲事，引得街坊四邻纷纷走了过来看热闹，使富兰克林怒不可遏。凯梅尔还不罢休，又冲上楼来对富兰克林叫嚷不止，双方便破口怒骂起来。争吵的结果是，凯梅尔依照合同给了他的工头限期三个月离开的解雇通知，并说悔不该当初规定这么长的预告时期；而富兰克林则回敬他的老板说他大可不必后悔，因为自己已决定立即离开此地。说完，富兰克林拿起自己的帽子，下楼去了。出大门前，他吩咐工人梅莱迪斯替他将留在那里的个人物品送到他的住处来。

　　当天晚上，梅莱迪斯把富兰克林的东西送过去了。休·梅莱迪斯是一位威尔士籍的宾夕法尼亚人，来费城以前是个庄稼汉，已经30岁了。他诚实，有敏锐的观察力，也喜欢读一点书，可是爱喝酒。在印刷所做工期间，他对富兰克林十分敬佩。当晚，他告诉富兰克林说，既然富兰克林离开了凯梅尔的印刷所，他也不想在那里干下去了。他又提醒富兰克林说，凯梅尔的债务已和他的资产等额，而且他不善经营，将来难免倒闭，到那时候必有可乘之机。

　　凯梅尔是个奸诈狡猾之徒，他除了要让富兰克林教给徒工们印刷技术，负责印刷业务的正常进行外，还让富兰克林设法替印刷所铸造铅字，制造油墨，还兼任仓库保管员。尽管富兰克林明白，他把徒工教会之时，也就是自己不得不离开这个印刷所之日，但他还是尽自己所能地工作，赢得了店里徒工们的尊敬。凯梅尔对富兰克林这时自然也十分殷勤。

　　在这段时间里，富兰克林和以前的诗友们继续往来。此外，他还认识了城里一些有发明天赋的人，并安排礼拜六和礼拜日两天——在凯梅尔自定的安息日去读书。

　　意料中的事情在半年以后发生了，凯梅尔对富兰克林的态度变了。他经常摆起老板的面孔，对富兰克林的工作吹毛求疵。真正的原因不言自明，是印刷所其他工人的

"印刷工"——富兰克林

业务已逐渐改进,他渐渐感到这位工头在印刷所里已不是那么重要,而拿的工资却太高。

终于有一天,他们大吵了起来,富兰克林愤然离去。但也正由于这次事件最终导致了富兰克林和梅莱迪斯的结盟。

再度失业的富兰克林本已有返回波士顿老家之意,听了梅莱迪斯的一番话以后,自己开业的念头又一次在脑际闪现。但是自己开业的最大困难是没有资金。对此,梅莱迪斯说:"我和凯梅尔的合同在明年春天期满,到那时候我们可以在伦敦购置设备运回来。我知道我的技术不好,假如你愿意,你出业务方面的技术,我出资本,所获利润,我们平分。"

因为梅莱迪斯知道自己的父亲很信任富兰克林,并透露过愿意资助他和富兰克林合伙开业。

富兰克林欣然接受了梅莱迪斯的建议。在这计划得到老梅莱迪斯的同意后,富兰克林将需要购买的设备开了一张清单交给老梅莱迪斯,由他交给一名商人去订货。大家约定,在机器运到之前严守秘密。富兰克林则设法在别的印刷所找些活干。

正当富兰克林找工作时,他收到了凯梅尔的一封信,信中措辞十分谦恭,说多年的老朋友不应该为了一时的气话就分道扬镳,希望富兰克林能回到他的印刷所继续工作。

原来,凯梅尔希望揽到新泽西印纸币的生意,需要富兰克林为他铸造所需的铅字,制造雕版,他也担心城中的印刷业对手布拉福德会雇用富兰克林而对自己不利。

富兰克林在梅莱迪斯的劝说下回到了凯梅尔的店里,凯梅尔得到了那笔生意。富兰克林还和凯梅尔一同到伯林顿跑了一趟,使生意方面的事务得到妥善安排。凯梅尔从这笔生意赚得巨款,大大改善了他的经济状况。

在伯林顿的近三个月中,富兰克林较高的文化修养给他带来了好运,新泽西监管纸币发行印刷的委员会成员更喜欢和他打交道。由此富兰克林结识了该州法官爱伦、州议会秘书萨

※ 富兰克林的印刷所

知识链接

《富兰克林自传》选读③

我们的印刷所常常需要整套的铅字，而在美洲还没有浇铅字的人。在伦敦时，我在詹姆士的印刷所里曾经见过人家浇铸铅字，可是没有十分注意它的方法。但是这时我发明了一种铸模，利用我们用作打印器的字母，把铅制成铸模，这样相当不错地满足了各种需要。必要时我也雕刻几块铜板，我制造油墨，我是仓库管理员和一切，简单地说，我差不多是一个打杂工。

但是不管多么有用，我发现当其他工人的业务逐渐改进时，我的帮助一天比一天地显得不重要了。当凯梅尔付了我第二季度的工资以后，他告诉我他觉得我的工资太高了，认为我应当减低一些。他逐渐地待我没有从前那么殷勤了，摆出了老板的面孔，常常吹毛求疵，无事生非，好像准备爆发的样子。但是，我仍然继续工作，勉强忍耐，因为我想他向我生气的部分原因是因为他的经济情况欠佳。终于一件琐事使我们的关系破裂了。有一次在法院附近发生了巨大的嘈杂声，我把头伸出窗外，看看究竟是什么事情。凯梅尔这时候在街上，抬头见了我，声色俱厉地向我叫喊，要我别管闲事，接着又加了一些责备的话。这时所有往外面看热闹的邻居都看到了他是如何地待我，正因为他当众责备我，这才更加激怒了我。他立即跑到印刷所楼上来，继续跟我争吵，于是双方破口怒骂，他按照合同给我三个月的解雇通知，但是他对于他必须给我这样长期的预告表示后悔。我告诉他他的懊悔是不需要的，因为我要立刻离开他了。这样，我就拿了我的帽子，走出了门。在楼下，我看见了梅莱迪斯，我就要他照料我留下的一些东西，并把它们送到我的宿舍来。

穆尔·布士特尔、议员爱瑟·皮尔逊、约瑟·库柏和测量局长爱瑟·迪科。

这些人成了富兰克林终生的朋友，对他以后的事业大有帮助。

1728年年初，新的印刷设备从英国运到了费城，富兰克林和梅莱迪斯辞去了在凯梅尔的印刷所的工作。他们在市场街租到一所房屋，年租24镑。为了减轻租金负担，他们找了爱好数学的釉工汤麦斯·戈德弗雷一家同住，并在他们家里包伙。待到拆开铅字，安装好印刷机，一家属于富兰克林的新印刷所便在费城正式开张了。

"印刷工"——富兰克林

组织"共读社"

1727年秋天,富兰克林和几个朋友组织了一个交流和切磋知识的团体"共读社"。其中除了富兰克林和梅莱迪斯外,还有两名成员也是凯梅尔印刷所的工人:一个叫史蒂芬·波茨,是一个成年的农家青年,习农活,聪明,有幽默感,善于谐谑,但有些散漫习气;另一个名叫乔治·韦伯,原是牛津大学学生,因欠债沦为凯梅尔的契约奴,他活泼幽默,性格温厚,谈吐风趣,但生性懒惰,处世轻率不审慎。另一些最早的"共读社"社员有:一个放债人的抄写员约瑟夫·布伦特纳尔,是个好脾气、重情义的中年人,爱好诗歌;自学的数学家托马斯·哥德弗雷,除数学外别无所知,发言爱走极端,使谈话无法进行,没过多久就离社而去;测量员尼古拉·斯科尔,爱读书,偶尔写写诗,后来当了测量局长;鞋匠威廉·帕尔逊,喜欢读书,懂得不少数学知识,后来也成为测量局长;木匠威廉·毛格里奇,稳重,有主见,做事一丝不苟;青年绅士罗伯特·格雷斯,

※ "共读社"的社员们,彼此交换书籍阅读

※ 宾州州旗

慷慨，活泼，聪明，喜欢开玩笑，善交朋友；最后是威廉·科尔曼，他给一个商人当文书，头脑极为冷静清醒，心地最善良，为人也极为正直，他后来成为有名的商人，宾州检察官之一，是富兰克林终生的朋友。

富兰克林是"共读社"的灵魂。是他组织了这个团体，并指导它的活动，是他提出多数在该社进行讨论的题目。富兰克林筹划这么一个团体，很大程度上是借鉴了"邻里互助会"的活动。"邻里互

"印刷工"——富兰克林

开始实行，它就是仿效了"邻里互助会"的这一做法。

每逢佳节或气候宜人之时，"共读社"的成员便到河对岸的野外举行聚会、讨论问题；每年一次，在歌声和祝酒声中聚餐。可以说，"共读社"的活动在探讨知识之余，又具有联谊的性质。这一点，加上富兰克林始终如一的兴趣和毅力，"共读社"这个小团体得以活跃了30年之久。

"共读社"的活动既有益于增长知识，又适合于年轻人的趣味，一些社员便想介绍自己的朋友入社。但富兰克林为首的部分社员反对打破从一开始就决定下来的十二人的限额，因为他们的这一团体一直处于秘密状态，以免有不便拒绝的不良分子申请入社。因此，富兰克林提议每名社员分头设法组织一个分社，采用相同的活动方式，但不公开它们同"共读社"的联系。

富兰克林认为，这样做可以使"更多的青年公民可以通过我们的社团得到提高；又由于'共读社'的社员可以在分社中提议讨论我们讨论研究的题目，并向'共读社'报告各分社讨论的经过，我们就可以在特定的时机更好地了解一般居民的看法；还可以通过更广泛的推荐和介绍，增加我们各人在业务上的利益；把'共读

助会"是彼士顿的一所教堂的一个会社组织。当"邻里互助会"活动时，它有制订好的十个一套的问题在每一次会上读出来，作为进行讨论的指南，每一个问题和下一个问题之间留有足够的时间。富兰克林为"共读社"拟定的章程在1728年

※ 费城宾夕法尼亚大学

社'的主张和看法传播给各分社，从而加强我们的政治影响力和为社会服务的力量"。

富兰克林的计划通过后，组织分社的活动展开了，但成功的只有五六个分社。这些分社的建立正如富兰克林所言，在后来的一些特殊事件中发挥了影响公众舆论的作用。

在"共读社"成立之初，富兰克林提议把大家的书籍集中起来放在聚会的地方，既便于在讨论论文时引证书中的内容，又使每个人有机会使用其他成员的书籍，如同各人拥有全部书籍一样。大家听了都很赞同，便照这样办了。但是，那些书放在房间的一角，缺乏应有的保管，给借阅带来一些麻烦和不便。因此一年以后，各人又把自己的书拿回家去。

这时，富兰克林提出了建立一个订阅图书馆的计划，请公证人查理·布劳克顿将它写成订阅合同条款。按照合同，每一订阅户第一年付40先令作为第一批购书费用，以后每年出10先令用作添购图书，合同期限50年。1731年7月1日，合同签订了，共有50个订阅户。富兰克林的姓名排在图书馆董事会名单的第一个。1732年三、四月之交，45英镑和

"印刷工"——富兰克林

一份书名清单被寄给伦敦的一位布商彼得·柯林森。柯林森是一位费城人的朋友,他对美洲的事务有兴趣。他将负责购买这批图书。

1732年10月,图书运到了,被安放于"共读社"在普特·普莱特巷的几间房子里。每星期三下午2点到3点和每星期六的上午10点到下午4点,图书由一名图书管理员照管。任何一位"文明绅士"皆可借阅图书,但能够把书借出馆去的只有订阅户和曾帮助他们选择、拟定第一批购买书目的詹姆斯·洛根。

12月1日,富兰克林把书目印出,发给每一订阅户。第二年,他当了三个月的图书管理员。图书馆的总部设在格雷斯家中,后来又迁到威廉·帕森斯家中,直到1740年4月。由于州议会文书写的请愿书起了作用,图书馆迁入了州政府的一间屋子。1769年,它吸收了费城的其他几家图书馆。

这家图书馆是北美所有订阅图书馆的鼻祖。谁会想到它会是由一伙年轻好学的手工工匠和商人在富兰克林倡导下办起来的呢!

※ 富兰克林

夹缝中求发展

1728年的费城,文化气氛远没有波士顿浓厚。除了神学小册子和宣传品,几乎没有印刷品。

其实就在富兰克林和梅莱迪斯离开的时候,凯梅尔的印刷生意已是摇摇欲坠。他的对手布拉福德借助其费城邮政局长的位置,通过邮差传送他的报纸,借助其官方印刷所的条件得到为官方印刷法律、公文、宣言、讲话稿等有利可图的业务,一直立于不败之地。

就是在这种情况下,第三家印刷所——富兰克林和梅莱迪斯的印刷所开张了。面对的困难可想而知。

富兰克林暗自下的决心是不仅要生存下去,而且还要发展壮大。他的优势在于:他不仅仅是一名印刷工匠,还是美洲最好的写作者;他有"共读社"那帮生死之交和支持者;他是一个坚强有力而又雄心勃勃的生意人。与凯梅尔的处世乖僻和布拉福德的因循守旧相比,他自然略胜一筹。

开业大吉,印刷所成立伊始,"共读社"的布伦特纳尔就为富兰克林揽到一笔生意:印刷教友会的四开本历史书中的40个印张,其余的由凯梅尔承印。尽管利润微薄,富兰克林和他的同伴还是尽可能完成得又好又快。他自己一天排好一个印张的字,梅莱迪斯则将它印出来。每天当富兰克林将

"印刷工"——富兰克林

印毕的版面拆开放回字盘留待次日再用时，往往已是夜里11点甚至更晚。有一夜，富兰克林排好版，正要下班时，其中有一版因不小心而碰坏了，有两页的活字全弄乱了。富兰克林见了，马上拆了版，重新排好后才上床睡觉。这样的勤劳使得他们的活完成得既快又好；这样的勤劳既在街坊四邻中渐有口碑，也在费城人中间赢来了信誉。

当时的费城只有一家报纸，那就是布拉福德的《美洲信使周报》，内容枯燥无味，但因独此一家，仍能获利。曾为波士顿第一家生气勃勃的报纸工，富兰克林计划着办一份自己的报纸。

知识链接

凯梅尔破产

"共读社"的社友乔治·韦伯得到他女朋友的帮助，从凯梅尔那里赎回了人身自由，要求到富兰克林的店里工作。富兰克林告诉他说，当时还没法雇用他，但不久要办一份报纸，那时，韦伯便可得到一份工作了。不料，生性轻率的韦伯将这一消息透露给了凯梅尔。凯梅尔马上抢先一步，于1728年10月宣布他要办报的消息。

得知此事后，富兰克林十分愤慨，而自己一时还无力办报，便以《好事者》为总题目，从2月份起在布拉福德的《美洲信使周报》上发表了几篇有趣的文章，受到读者的欢迎。

其中有一篇是虚构的一位名叫佩兴斯的人写于2月25日的信。佩兴斯是一位单身妇女，开着一家店铺，但因一位朋友来访的次数太勤、时间过长而苦恼。

她写道："我一位朋友有两个孩子，正是可以到处跑、调皮捣蛋的年龄。如果我一直在招呼许多顾客或其他生意方面的来人，他们总是跟他们的母亲一道，不是在我的房间，就是在店里。有时候他们把我书架上的书拉到地上来，而那儿正好被其中一个刚刚撒了一泡尿。我的朋友阻止了这场混乱，她嚷道：'唉，你们这两个顽皮的小捣蛋鬼！不过还好，还没造成多大的破坏，这本书只湿了一点儿。'然后把那本书就这样又放上了书架。有时候他们跑到柜台后面的钉子桶那儿打转，把我的10便士、8便士和4便士的钉子全都搅混了，令

我十分烦恼。我尽力掩饰自己的不快,用一副严厉的面孔叫他们出去。朋友叫起来了:'邻居,你不用管他们,让他们玩一会儿。离开之前我会把一切复原的。'但是东西从来没有恢复原样,而在他们走了之后我得干一大堆活儿。

这样,先生,我拥有孩子带来的一切苦恼和烦扰,唯独没有把他们称作自己孩子的那种快乐。"

这类文章富兰克林写了好几篇后,又由布伦特纳尔接着写了好几个月。结果是费城读者的注意力大都被这些轻松幽默又富有讽喻意味的文章吸引到布拉福德的《美洲信使周报》上来了。1728年12月,凯梅尔的报纸《一切艺术和科学的大众指导书:宾夕法尼亚报》第1期问世时,订户本来不多,凯梅尔又写不出富兰克林那样的文章,加上管理不善,报纸办得越来越不景气,订户最多时不超过几十个。在九个月以后,凯梅尔终于因债务缠身,把报纸贱价卖给了富兰克林,而将印刷所卖给了自己以前的学徒大卫·哈里。

1729年10月2日,富兰克林的报纸《宾夕法尼亚报》开始印行。在很长一段时间里,他既是报纸的印刷者,又是报纸的撰稿人。他给作为编辑的自己写信,然后回信。他撰写幽默的讽刺小品、写广告。他小心翼翼地不去评论市政当局和宗教事务,以免重蹈当年哥哥詹姆士和自己在波士顿的覆辙,但他一直坚持出版自由。

凯梅尔破产被迫离开费城,站在富兰克林面前的是更为强大的对手布拉福德。布拉福德利用手中邮政局长的职权,命令邮差不得邮递《宾夕法尼亚报》。富兰克林只得暗中贿赂邮差,请他们帮助自己将报纸送到订户家中。富兰克林的报纸一印出来,其字体之清晰、印刷之精美就超过了当地曾有过的报纸,给费城读者留下了深刻印象。当时,马萨诸塞州的州长和议会之间正在发生争执,《宾夕法尼亚报》上登出的富兰克林的评论文章引起了一些领袖人物的注意。由于他们经常谈到这家报纸和它的发行人,等着读它下一期的评论文章,这些头面人物在几个星期后都成了新报纸的订户,其他许多人也效法他们订阅这家报纸。富兰克林的写作才能又一次帮助了他的商业事

"印刷工"——富兰克林

※ 位于宾夕法尼亚州的富兰克林雕像

师汉密尔顿——的提议下，议会通过决议，把下一年度1730年宾夕法尼亚州的政府文件交由富兰克林—梅莱迪斯印刷所承印。

外界竞争激烈，内部也不平静。从独立开业办印刷所时起，事实上业务经营全部由富兰克林负责。梅莱迪斯不会排字，印刷技术也不精通，特别是又重新喝起酒来（曾在富兰克林劝说下戒掉），常被人看见醉醺醺地在街上走或在酒馆里赌博。富兰克林的朋友都认为富兰克林不应和这样的人合伙。但是富兰克林不愿意就这样和在困难时帮助过自己的朋友分手。然而，不久后发生的事导致了合伙关系的解除。

按照当初富兰克林和梅莱迪斯合伙时达成的协议，梅莱迪斯的父亲应付印刷设备的费用，但老梅莱迪斯付了100英镑后便付不出了，而且还欠了一个商人100英镑。商人向法院提起诉讼，使印刷所面临倒闭的危险。这时，"共读社"社友科尔曼和格雷斯分别都向富兰克林提出愿意垫付所需款项，条件是富兰克林单独经营。富兰克林不忍向曾经帮助自己的梅莱迪斯提出散伙，事情便又拖了一段时间，直到无法筹措资金偿付那商人的债款时，富兰克林才对梅莱迪斯说，若是其

务，并使他受到本地要人的注目。当时，布拉福德还是政府部门各种公文、选票、法律条文的承印人。有一次，他把州议会给州长的请愿书印得粗劣不堪，错字连篇，富兰克林抓住机会，主动将它重新印刷，然后给每一名议员寄去一份。精美准确的印刷质量具有最大的说服力，在议会中富兰克林的朋友——其中包括已从英国返美的律

父只愿为他一人垫付钱款,自己愿退出合伙,离开此地。梅莱迪斯告诉富兰克林,他父亲确实无力垫付这笔钱款,他本人也不胜任印刷工作,打算到北卡罗来纳去务农。只要富兰克林愿意承担印刷所的债务,归还其父垫付的100英镑,替他还清他个人的零星欠款,再付给他30镑和一副新马鞍,便可得到全部股权和印刷所的全部产权。富兰克林同意了。

办完了手续后,梅莱迪斯便去了北卡罗来纳。两个朋友好聚好散了。富兰克林借助于另两位朋友科尔曼和格雷斯,成了印刷所的独立业主。1732年5月11日,富兰克林印出了他独自经营后的第一期《宾夕法尼亚报》。

此后,富兰克林开始逐步还清为了创办印刷所而欠下的债款,同

※ 50元面值的英镑

"印刷工"——富兰克林

时，他也注意在公众心目中建立自己的一个勤俭商人的形象。在这方面，他有着他人的前车之鉴，那就是从凯梅尔手中买去了印刷所的大卫·哈里。大卫·哈里曾向富兰克林学过手艺，买下凯梅尔的印刷所以后自己开业当了老板。起初，富兰克林还担心哈里会成为自己强有力的对手，因为哈里的亲友有势力也有能力，因此曾提出合伙经营，遭到哈里的轻蔑拒绝。不料哈里一当上业主便骄傲自大起来，穿着讲究，生活奢侈，常在外面玩乐。不仅负了债，还失去了原有的主顾。

有了这前车之鉴，富兰克林从商人的名誉和声望出发，不仅克勤克俭，而且也注意自己的言谈举止。他衣着朴素，从不去无益的娱乐场所，从不出去钓鱼打猎，只是偶然因读书而误了工作，但这种情况极少，他也注意不使人发觉而说闲话。他自己回忆说："为了表示我不以我的行业为耻，我有时把从纸店购得的纸张装在独轮车上自己经由街道推回家。这样一来，人们认为我是一个勤劳上进的青年，守信用，不拖欠，所以进口文具用品的商人巴不得我惠顾，别的商人也想托我代销书籍。"勤劳、谨慎的经营使富兰克林的生意蒸蒸日上。

虽然在同布拉福德的竞争中，富兰克林在不少方面有了起色，占了些优势，但布拉福德资金雄厚，生活优裕，在印刷业方面只是雇用零工偶尔为之，他的大量收入来自报纸的广告费。由于身任邮政局长，人们以为他拥有优先获得新闻的机会，在他的报纸上登广告，效果会更好。因此，布拉福德报纸的广告远远多于富兰克林报纸的广告。

1740年，富兰克林和布拉福德还在开办杂志方面作过一番较量。当时，富兰克林打算仿效1731年创办于伦敦的《绅士杂志》，在费城首创一份杂志。布拉福德闻听此讯后，抢先于1740年11月6日在其《美洲信使周报》上宣布，他将于次年3月开始出版《美洲杂志》。富兰克林则于11月13日的《宾夕法尼亚报》上宣布，他的《大众杂志：美洲不列颠种植园历史年鉴》将于次年1月问世。此后便是一场争办美洲首家杂志的赛跑，最后以《美洲杂志》比《大众杂志》领先三天出版而结束。《大众杂志》创刊号于1741年2月16日出版，标的日期是1月。但这场竞争的结局是以双双失败而告终：布拉福德出了三期月刊、富兰克林出了六期便停刊了。

不甘于失败的富兰克林又将目光转向纽约。1742年2月20日，他和

※ 纽约地标性建筑自由女神像

他的一个帮工詹姆士·帕克尔签订了合伙经营的合同,他提供设备运至纽约,并对在那里的业务出三分之一资金,分享三分之一利润,由帕克尔在那里发展业务。帕克尔在威廉·布拉福德退休后,接办了他的《纽约杂志》,于1743年成为那一州政府的承印商、耶鲁学院的印刷商,并于1755年4月12日,在设于纽黑文的印刷所创办了《康涅狄格杂志》。当时,富兰克林已不从事活跃的商务活动,但仍是帕克尔生意的合伙人。

早在1742年以前,富兰克林就开始在外地开办合伙业务。1733年,他派店里的一名工人到南卡罗来纳的查理斯敦去开办一家印刷所。富兰克林提供给他一台印刷机和一些铅字,并签订了一份合伙合同。按照合同规定,他负担在那里营业的三分之一的费用,也获得三分之一的盈利。但这名工人不懂会计,尽管有时他汇款给富兰克林,但从来不曾向富兰克林报告其收支账目。这人死后,由他的寡妻继续经营那家印刷所。

"印刷工"——富兰克林

在南卡罗来纳合伙经营的成功，鼓励了富兰克林在其他地区开办分店。在他的合伙人中，两个是他的侄子，其中有一个是他哥哥詹姆士的儿子。詹姆士后来将他的印刷所从波士顿迁到了新港，1736年，当富兰克林离乡十年后返回波士顿探亲并顺路看望他时，弟兄俩之间的嫌隙早已冰释。詹姆士还托弟弟在自己身后照料儿子和家庭。

此外，富兰克林还在北卡罗来纳、佐治亚、费城附近的兰卡斯特多米尼加（他在那里办了《自由港报》）、牙买加的金斯顿有合伙人。但他在1748年以后的合伙经营业务量都不大，与其说是从中赚钱，不如说是起了鼓励当地印刷业和印刷商的作用。他最主要的合伙人是纽约的詹姆士·帕克尔和费城的大卫·霍尔。对大卫·霍尔，富兰克林在他1748年1月29日给朋友的信中这样写道："我也采取了适当的措施以得到闲暇来享受人生和我朋友的友谊——我已把我的印刷所交由我的合伙人大卫·霍尔经管，因而完全脱离了销书，迁到了城中较为安静的地区。"是大卫·霍尔成为他的工头后，他的《穷理查历书》才成了《穷理查历书修订本》。在十八年的合伙经营中，富兰克林平均每年得到467英镑的进项，而直到1766年，富兰克林的商号被称为"富兰克林和霍尔"商号。

作为出版商和读书人，富兰克林不仅办报，还出版印刷书籍。他出版了伊萨克·瓦茨的赞美诗（1730年），乔治·韦伯的《巴切勒斯—霍尔》（1731年），托马斯·哥德弗雷的单页年历（1729、1730、1731年），詹姆士·洛根翻译的两本德文书（1735、1744年），《共济会宪章》（1734年），《每个人是自己的医生》（1734年），《绅士的铁匠》（1735年），笛福的《家庭指导书》（1740年）和理查德·森的《帕米拉》（1744年）——美洲出版的第一部长篇小说。富兰克林或是为了获利，或是为了友谊印出的出版物中，除了《宾夕法尼亚报》以外，十有八九是逻辑的，也是短命的。现在看来，由他出版的印刷品中最有纪念意义的是对开本的《印第安人条约集》，其中保存了有关消失了的该民族的丰富文件。

富兰克林的印刷业和出版业由于他所具有的特有的优势，在白手起家的基础上兴旺发达起来。一个生意人和手工工匠，是他踏入人生旅途时和他在前半生扮演的重要角色。他在经商方面取得的成功为他一生中其他重大成就奠定了坚实的基础。

《穷理查历书》大获成功

1732年,富兰克林除创办了美洲第一家订阅图书馆,出版了他独资经营出版印刷业以后的第一期报纸,还有一件事值得称道,那就是出版了在业界十分有名的《穷理查历书》。

※ 富兰克林画像

"印刷工"——富兰克林

知识链接

《穷理查历书》节选

1. 致富之道

致富之道很大程度在于节俭。并非所有人都同样能挣钱，但在"实践"这一美德方面，每个人的能力又是相近的。

一个人如果想在这个世界上活得富足，那他必须早做责任方面的准备。人们不但需要找出管理不善之处，还要发现自己的疏懒倾向：有些在下午做的事情，要尽可能在早上就做好。

年轻时多学一些有益的东西，可使人在成年时取得更大的成就。在这些技能中，写作与记账是最不可忽视的。

学习，无论是为了投机还是以实用为目的，无论是在政府里还是在民众中，都是财富和信誉的自然源泉。

2. 花钱的艺术

言谈的风趣更多地可以从对方身上找到，而不是为了更多地表现自己。一个因自己的好开玩笑和别出心裁与朋友失和的人，早晚将再蹈覆辙。绝大多数人只是表示喜欢你，而并不从心里佩服你。人们都愿意得到赞同和鼓励，而不愿受到指教和干预。然而，为人的最大快乐在于使人满意。

那种将自己置于傲慢无礼的抨击与指摘中的所谓机巧是绝对愚蠢的，因为它根本无助于谈话的目的。使用这种小聪明于人于己都无益处，甚至难以取悦任何人。

去年冬天，我用了几个星期去泽西岛拜访老朋友，听到了许多关于缺钱以及为什么不多印些纸币的抱怨。朋友们，同胞们，我对此的建议不会让你们付出什么。如果你们对我所说的不反感的话，即使你们不接受，我也不会不高兴。

据说，你们每年花在欧洲、东印度、西印度群岛来的商品上的钱至少达２０万英镑。如果这其中的一半是花在绝对必需品上，那么另一半则可称为奢侈品，或称为方便用品，即使没有它们你也可以度过短暂的一年而不会感到过分难过。要把这一半节省下来，可以遵循以下几条原则：

1）当你想买一套新衣服时,应先仔细翻找一下家里的已有衣物,看看能否通过洗涤、缝补而再用一年。切记,衣服上打补丁而兜里有钱,总比衣着华丽而囊中羞涩更好、更可靠。

2）当你想购买中国陶瓷、中国或印度的丝绸或其他商品时,我劝你仔细思量,至少推迟购买的时间,免得后悔。

3）如果现在你每天喝两次甜酒、葡萄酒或饮茶,那么下一年你每天只喝一次。如果你现在每天只喝一次,那么你每两天喝一次。如果你现在每星期喝一次,那么减少到每两个星期喝一次。如果次数减少而数量并未增加,那么你在这方面的一半支出就将节省下来。

4）当你想喝甜酒时,可考虑在酒杯里加入一半的水。这样,到了年终,你们的国家就可以少支出10万英镑了。

即使能很容易地搞到大笔钱,倘若没有人愿为此付出努力的话,也是白搭。个人依上述节约方式节省下来的钱,不能放进自己的钱包,而最终目的应是使国家财力强盛。这样,商人们那些有问题的旧债务可以正当地全部付清,交易即使不能变得更为广泛,也会变得更加可靠。

在任何一个国家里,历书恐怕都是发行最为广泛的出版物。一个家庭可以没有一本书、没有订阅报纸,可是一般都有一本历书。从一部大小刚好可以放进衣袋、有纸封面的历书中,人们可以查到潮汐的涨落、月亮的圆缺、季节的变换;历书上还记录有食谱、笑话、诗歌、谚语和各种各样的奇闻怪事;在每页日历不大的边空上,人们可以写日记;孩子们可以用历书来识字。一部好的历书可以为出版者带来厚利,使编纂者声名远播。

在费城,布拉福德多年来都在出版泰坦·里兹的《美洲历书》。富兰克林则不仅出版过社友托马斯·哥德弗雷从1729到1731年的历书,还出版了约翰·杰尔曼1731年和1732年的历书。他还想出版自己的历书。

当1732年12月19日富兰克林宣布并出版了自己的下一年历书《穷

"印刷工"——富兰克林

理查历书》时,别家的历书已上市出售了一个多月了。但在短短三个星期里,富兰克林的5便士一本的历书就印刷了三次,发行数量远远超过了其他历书。

富兰克林编纂这部历书的用意之一在于认为"这是在普通人中间进行教育的一种恰当工具",因此,他把成语、箴言印在历书中重要日子页面的空白上。这些成语箴言主要是教人们把勤俭作为发财致富,并因而获得美德的手段。如"一个今天胜过两个明天",是提醒人们抓紧现在,及时努力学习和工作;"树不愁大,力不愁小,砍个不停,终能砍倒""涓滴不息,可以穿石"是教人做事坚持不懈,最后总能成功;"人不能占有财富,是财富占有人""贪婪和幸福从未相见,永不相识",是告诫人们切勿贪心。还有一些讲述正确的为人处世的经验和哲理,如"善待朋友可以保住朋友,善待敌人可以争取敌人""哪里有没有爱情的婚姻,哪里就有不是婚姻的爱情""富人不浪费,浪费非富人""讨价还价没有朋友和亲戚""两个律师中间的农民如同两只猫中间的一条鱼""没有丑陋的爱情,也没有漂亮的囚犯""吃使自己满足,穿使他人愉悦"。

这些风趣、世故的成语格言,与人们的日常生活、事务有着千丝万缕的联系,蕴含着浅显朴实的真理和智慧,因此为人们喜闻乐见。

《穷理查历书》和1748年以后的《穷理查历书修订本》大受欢迎,在长达25年的时间中每年销售1万册,不但风行于美洲,而且风行于欧洲。它给富兰克林带来了利润,也带来了声誉。

后来,富兰克林把这些包含了来自许多国家各个时代的智慧的成语格言集中到一起,当作一个聪明的老者亚伯拉罕对拍卖场上人们的一席讲话,名之为《致富之路》,放在1757年的《穷理查历书》卷首。这些集中起来的隽语格言对人们产生了更加深刻的影响。《致富之路》受到普遍的赞扬,所有美洲的报纸都转载了它;在英国,人们用大幅纸张翻印,以便贴在家里。它先后两次被译为法文。传教士和地主们大量订购,免费赠送给贫苦的教友和佃农。

时光荏苒,现在《穷理查历书》早已消失无存,而《致富之路》取其精华,去其糟粕,以集锦的形式保留了下来。

步入婚姻殿堂

通过几年的艰苦创业,富兰克林在事业上为自己打开了局面,站稳了脚跟,但在感情生活上并非一帆风顺。

从伦敦回到费城,富兰克林听说瑞德小姐已经结婚,丈夫罗杰斯是一名陶工,手艺很好,但为人卑劣。黛博拉结婚以后心情一直不好,不久就和丈夫分居了,而且拒绝使用丈夫的姓,因为有人说他另有妻室,住在伦敦。

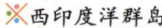
※西印度洋群岛

1727年或1728年,罗杰斯因负债跑到西印度群岛去了,据说已死在那里。从那以后,黛博拉一直郁郁寡欢,离群索居。富兰克林十分同情她的处境,而且总认为是自己的负心和失约铸成了她今天的不幸。同时,回想起往日的恋情,内疚之余,又有些怅然若失。

他离开凯梅尔的印刷所和梅莱迪斯合伙开业以后,一直和釉工戈德弗雷同住一幢房子,并在戈德弗雷家寄膳。日子一长,戈德弗雷太太有意为富兰克林和她一个亲戚的女儿做媒,常常制造机会让他和那姑娘见面。起初,富兰克林只是应付,但见面的次数多了,两人相识的时间久了,富

"印刷工"——富兰克林

※ 富兰克林的女儿莎拉·富兰克林·巴克

兰克林不觉爱上了那姑娘。戈德弗雷太太和女孩的父母也不断邀请富兰克林登门吃饭，鼓励他向姑娘求婚。在谈婚论嫁的过程中，富兰克林按照一般的做法提到嫁妆，他告诉居间传话的戈德弗雷太太说，希望从姑娘那得到付清自己印刷所欠债款的余数——不超过100镑。但女方的父母回答说没有这样一笔钱拿得出来作为女儿的嫁妆。这场婚事就这样告吹了。实际是他们曾向布拉福德打听，而布拉福德告诉他们说印刷业不是一种能赚钱的行业，富兰克林大概不久就要步相继失败的凯梅尔和哈里的后尘。

在此期间，富兰克林和瑞德家继续保持着一种作为邻居和老朋友的关系。由于瑞德先生已经去世，瑞德太太常常请他去商量一些家里的事情，征求他的意见。富兰克林因此仍能不时见到瑞德小姐。每当谈到此事，瑞德太太总把责任揽到自己方面，后悔当初不该阻拦他们结婚，也后悔在接到富兰克林从伦敦寄来的信后便以为他不再回来，劝女儿和别的男人结婚。而富兰克林满怀内疚和同情，逐渐恢复了对黛博拉的感情。

但是，阻碍他们结合的有两件事，那就是罗杰斯另有妻室和罗杰斯已死在西印度群岛这两件事都难以证实。如是事实，黛博拉的那段婚姻便已失效了。由于这个原因，当他们于1730年9月1日结婚时，他们没有在教堂举行婚礼，只是按普通法律结了婚，黛博拉搬到了市场附近的那所房子里，成了富兰克林太太。她的母亲也去和他们同住。

1730年下半年，富兰克林家有了第一个孩子，是个男孩，取名为威廉。

两年后，1732年10月20日，黛博拉又生下了一个男孩，取名叫弗朗西斯·福尔吉尔。1736年，富兰克林的侄儿詹姆士从新港被带到这个家里。1743年8月31日，女儿莎拉降生了。此外，店里的各种各样的帮工也不时地在这个家里寄宿和寄膳。富兰克林的家成了一个名副其实的大家庭。

富兰克林接待朋友时多不在家里，而是在酒馆或更多的是在"共读社"的聚会上。富兰克林夫妇和别的商人除了生意上的事，没有别的交道。黛博拉的生活就是丈夫和孩子，家和店。富兰克林在这些年中也不怎么外出，他甚至不用外出上班，只是上楼和下楼就可以到达他的印刷所、他的店铺、他的账房以及1737年后的他的邮局。他的书房在家里，他的实验室也在家里，他几乎可以在家中从事他所有的活动。

富兰克林夫妇的共同努力使他们的家庭富裕起来，家中的餐具从价值2便士的陶制粥碗和锡制羹匙到黛博拉花23先令为丈夫买的一只瓷碗和银羹匙，到后来，他们拥有了价值数百镑的银制餐具。

和那些集毕生精力于某一门学问的科学家不同，富兰克林是一边思考、研究、写作，一边处理和应付商务的、公众的、家庭的各类事务，他两方面都是成功的。他既是伟大的思想家、科学家、外交家，又是伟大的有着平凡生活的俗人。

多学科涉猎

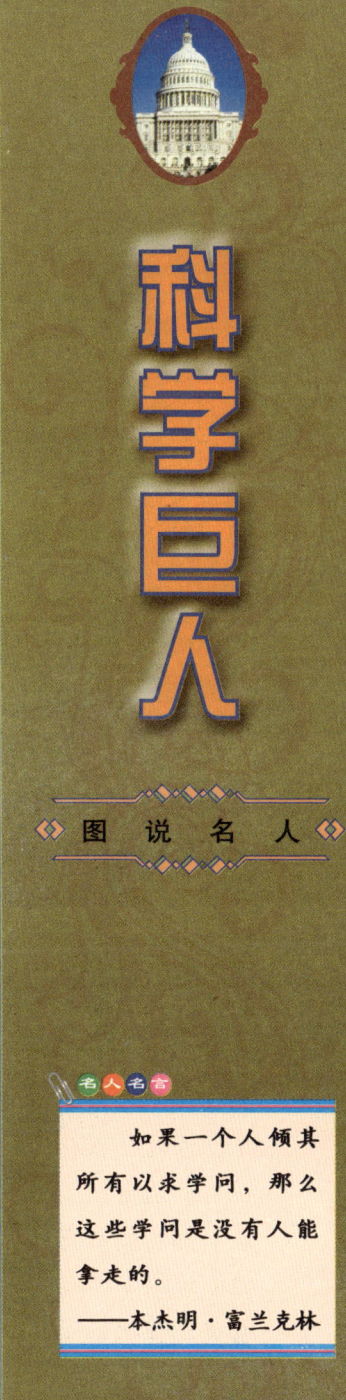

科学巨人

图说名人

富兰克林热爱生活，对斑斓的五彩世界充满了极大的热情，怀有浓厚的兴趣。即使在繁忙的商业、社会活动中，他也要抽出时间探索研究他所热爱的大自然。

早在20岁从伦敦返回费城的海途中，他就对所观察到的大气的突然变化，海豚身体颜色、光泽的变换等等做过准确的记述。在回到费城后艰苦创业的岁月中，无暇顾及科学研究的他仍经常想到"自然哲学"，并注意结交有机会遇见的专家们。

1742年，富兰克林发明了一种新式取暖炉，这种炉子可以把更多的热量散发到屋子里而不是随着烟囱跑出去。由于它省燃料，热效高，很快得到推广，人们叫它"富兰克林炉"。富兰克林还改良了传统的老式壁炉。此外富兰克林还发明了双光眼镜，给老人带来了极大的便利。

就在他倡办"美洲哲学学会"的1743年，他作了一次堪与第一流的气象学家媲美的关于气候现象的观察。他写道：

"星期五（10月21日）晚上九点，费城上空将出现月食。我打算观察它，却被一场东北方来的暴风雨所阻碍。这场暴风雨7点到此，像往常一样带来厚厚的云层，使整个半球阴霾四布。可是当邮差将波士顿的报纸送到，那上面记述了同一场风暴在那一地区造成的后果，我发现月食的开始在那里清

名人名言

如果一个人倾其所有以求学问，那么这些学问是没有人能拿走的。

——本杰明·富兰克林

※ 富兰克林对海豚身体颜色都有所观察和记录

楚地观察得到，尽管波士顿位于费城东北面400英里之处。

"这个使我迷惑了，因为那场风暴在我们这儿开始得那么早，使得我们不能进行观察；而那是一场东北风向的风暴，我想象它在远在费城东北方向的地方应发生得更早。因此，我在给我在波士顿一位哥哥的信中提到了它；而他告诉我说，那场风暴直到晚上11点才到达他们那里，所以他们能清楚地看到月食。在比较了我得到的其他几处殖民地关于那场风暴发生时间的记述后……我发现在东北且越远的地方，风暴总是发生得越迟。

"由此，我对这些风暴的成因形成了一个看法，对它我将以一两件人们所熟知的事例加以解释。假定一条长运河里的水在终端被一道闸门堵住了，水一直很平静，直到闸门打开，这时它开始流出闸门，紧挨闸门的水先动，向闸门方向流动；紧挨着先动的水的水接着流动起来，这样连续不断，直到运河的尽头流动起来，运河尽头的水是最后才动的。这里，所有的水的确是向闸门流动的，但依次开始流动的时间却是反向的，也就是从闸门开始，倒回到运河的尽头。再看一例，假想一个房间里的空气是静止

"印刷工"——富兰克林

的，没有气流穿过房间，而后你在烟囱里生起火来，立即，烟囱里的空气受热而上升，紧挨着烟囱的空气流进烟囱补充它的位置而向烟囱流动；接下去，其余的空气也连续地向烟囱流去，一直到门那里。就这样，产生了我们的东北风向的风暴；我设想在墨西哥湾或那附近的空气因剧烈受热而稀薄上升，它原来的空间由它以北毗邻的较冷、因而较浓密、较重的空气来补充，这一空气的流动又引起它更北部的空气也流过来，形成一股连续运动的气流，而我们的海岸线和内地的山脊使这气流呈东北方向，因为它们是东北—西南走向的。"

富兰克林的看法颇有道理，当然还要留待他人去理解。然而他已向着关于那巨大的旋转的风系即旋风或逆旋风的知识迈出了第一步。

1748年，富兰克林把他观察到的蚂蚁的一些情况告诉了一位瑞典生物学家。他相信，在蚂蚁之间存在着一种类似交谈的东西。为此，他做了实验。

富兰克林对农业也感兴趣。他是最早感觉到农村的农业资源不应被浪费，感到正如农业是一种生活方式一样，农业也应和商业相联系，应是美国人的一门科学。他敦促他所创办的学院讲授种植和园艺。

1752年4月23日，他在给卡德瓦拉德·科尔登的信中谈到了空气和光。他写道："我必须承认，我对于光是一无所知的。那种假定称为光的物质微粒连续不断地被从太阳表面快得惊人地送出的学说没有使我满足。以这样的运动，那些可想象的极为微小的颗粒一定不会具有超过大炮发射出的24磅重炮弹的力量吗？……难道不可以更为

知识链接

蚂蚁试验

富兰克林拿来一只盛有蜜糖的瓦罐放在高高的橱柜里。他发现一些蚂蚁爬进了瓦罐里。他抖掉了罐子里其他的蚂蚁，只留下了一只，然后把罐子用绳子挂在天花板上的一根钉子上。

瓦罐里的那只蚂蚁吃够了蜜糖后，设法从那根绳子爬到了天花板上，再从天花板沿着墙爬到了地板上。过了半个小时，大群的蚂蚁蜂拥而至，仿佛是它们得知了消息，沿着刚才那只蚂蚁爬过的路线，到了罐子里，吃光了剩下的蜜糖，再沿绳子、天花板等原路离开。

※ 蚂蚁也曾是富兰克林观察的对象

合适地把所有光的现象解释为:假定宇宙空间充满着一种微妙的有弹性的流质,当它静止时,是看不见的,但它的震颤则影响到了精细的眼睛的视觉,如同空气的震动影响耳朵这种较粗的器官一样。以声音的例子来说,我们没有想象比如说一座钟发出的响亮的微粒循直线飞向耳朵;我们为什么一定要想象有光亮的微粒离开太阳,直奔眼睛呢?……好在我们不像可怜的伽利略那样被宗教法庭指责为异端邪说。我悄声在私人信件中反对正统学说会是危险的。"在当时,已经有人提出光波理论,富兰克林是否知道它,不得而知。但清楚的是,他提出了自己的看法或支持了他认为更合理的新理论,向正统的学说挑战。

那年12月,他为他在波士顿的哥哥约翰制作了美洲医学史上第一根有弹性的导尿管。

当时,他跑到银匠那里"指点他制作一根(坐在旁边直到完工)",然后寄给了他的哥哥。

在从事科学研究的这第一阶段,他还接近完全地观察和记述了一场旋风发生的情况。

科学之于富兰克林,是蕴含于日常生活中的一种情趣。他在日常生活中发现它们,研究它们;他为了生活中的实际需要,而进行发明、创造:省柴取暖炉解决了冬天取暖中的问题,导尿管减轻了哥哥的病痛。而他为人类避免雷电的伤害则发明了避雷针,这是与他在电学研究上的杰出贡献紧密相连的。

"印刷工"——富兰克林

发明避雷针

  富兰克林是第一个在纯科学领域中享有国际声誉的美国科学家，是美国电学研究的先驱者。他对电学的研究结果统一了当时混乱的电学知识。他最主要的贡献就是对说明各种电现象的理论（如电荷的产生、电荷的移转、静电感应等）作了比较系统的阐述。最初，他热衷于发明设计小器件，这给他以后的电学实验研究打下坚实的基础。自1745年起，他在不到十年的时间内，利用一些简

※ 富兰克林利用风筝证明了雷电与闪电是空中的放电现象

单的工具、器械进行了各种大胆的新的电学实验。通过实验，富兰克林首先提出电学史上一项重要的假说：电的单流质理论。富兰克林第一次用数学上的正负概念来表示两种电荷的性质，至今现代物理学上还使用它们；同时富兰克林还发现了尖端放电现象。更重要的是，富兰克林提出了电的转移理论。以后，这个理论发展为电荷守恒定律，这是自然界最基本的定律之一。

在富兰克林所有的发明创造中，避雷针是最为有名的。在希腊神话故事中，天神普罗米修斯把天上的火种盗取到人间，给人类带来光明和温暖；到了18世纪中叶，富兰克林发明了避雷针，驯服了雷电，成为"人间的普罗米修斯"。

在他之前，科学界对静电现象知之甚少。1745年，荷兰莱顿大学的马森布罗克（1692—1761）和德国的克莱斯特（1700—1748）各自发明了后来被称为"莱顿瓶"的蓄电池的最早形式；同时，格里凯发明的静电起电机在18世纪得到改进，它通过连续转动的摩擦随时可以方便地得到静电。这两项电学仪器的发明，使得科学家可以得到并积蓄电以供进行许多电学现象的观察。但那时人们对于莱顿瓶的瓶体本身（玻璃）、水和金属线在起电与放电过程中起什么作用还一无所知。1746年秋天，富兰克林第一次看到英国学者斯宾士的电学实验表演，并得到了斯宾士赠送的一套电学仪器，其后便开始了他的电学实验。

富兰克林的电学实验首先从莱顿瓶开始，不到几个月，从实验中有了不少的新发现，解决了当时电学中急待解决的问题——莱顿瓶的作用和原理，得出了极为重要的结论："电火花并非由摩擦而产生的，而是被收集起来的。电确是一种在物质中弥漫着的，又能为其他物质，特别是水和金属所吸引的基本要素""电火是永远不会被毁灭的"。在富兰克林看来，电是一种单纯的"流质"，从而初步解答了电由何处来和莱顿瓶的作用等问题，否定了在此之前科学家们关于莱顿瓶之所以能发生强烈的放电是由于瓶中金属箔金属线所致的推测，也就把莱顿瓶实验的神秘面纱揭开，将其置于一个可以为人理解的科学基础

※避雷针

上了。富兰克林的这个结论为19世纪法拉第（1791—1867）对电介质所作的进一步研究打下了基础。

富兰克林又认为，既然电是一种单纯的"流质"，那么，当玻璃受到摩擦时，电就流入玻璃，使它带"正电"；而当琥珀受到摩擦时，电就从琥珀流出，使它带"负电"。相应地，莱顿瓶内外两面的电荷也被定名为正电与负电，或阳电与阴电，并用正号"＋"和负号"－"来表示它们。这是电学上的一个创举。富兰克林是第一个把电分为正电和负电来解释实验的人。这不仅是名称上的改变，而且是概念上的深化。如果把富兰克林说的"流质"改称"电子"，并将流动方向倒过来（因为电子实际上是从琥珀流向玻璃），那么他这个猜测在本质上是正确的。富兰克林这一创举使电学开始走向准确的定性的方向。他对莱顿瓶的研究使科学界正确地了解了它的作用，并认识了绝缘体在电学中的重要性。1788年法国科学家库伦（1736—1806）发现电荷间相互作用力的有名定律就是从富兰克林这一概念出发的。这是富兰克林在电学上的一大贡献。

富兰克林还利用充电体之间静电的吸力和斥力的作用，制造了一个很简单、但又异常灵敏的机械，称为"电轮"。在这个机械里，轻圆盘以每分钟50周的速度旋转，实际是不断地把电能转化为机械能。这个发明预示着现代的电动机的出现。

在当时，雷电这种具有巨大破坏性的可怕的自然现象的本质是什么，对人们来说还是一个谜。流行的看法是，它是"上帝之火"，天神发怒，也有人猜测雷电是毒气在天空爆炸。而富兰克林则认为雷电是电，但这需要证明。富兰克林要来作这一伟大而危险的尝试了。

以下就是关于这次实验的记述：

※法国科学家库伦

知识链接

风筝实验

富兰克林准备了一大块丝帕和用来展开丝帕的适当长度的两根相互交叉着的棍子，他抓住一场就要到来的暴风雨的机会步行到田野上去，在那儿有一座棚子可以用于他的实验。但是由于害怕在科学上不成功的尝试往往招来的嘲讽，他没有将他想要进行的实验告诉任何人，除了他的儿子以外。他的儿子将帮助他放出风筝。

1752年6月的一天，阴云密布，电闪雷鸣，一场暴风雨就要来临了。富兰克林和儿子威廉一道，带着上面装有一个金属杆的风筝来到一个空旷地带。富兰克林高举起风筝，他的儿子则拉着风筝线飞跑。由于风大，风筝很快就被放上高空。刹那，雷电交加，大雨倾盆。富兰克林和他的儿子一道拉着风筝线，父子俩焦急地期待着，此时，刚好一道闪电从风筝上掠过，富兰克林用手靠近风筝上的铁丝，立即掠过一种恐怖的麻木感。他抑制不住内心的激动，大声呼喊："威廉，我被电击了！"随后，他又将风筝线上的电引入莱顿瓶中。回到家里以后，富兰克林用雷电进行了各种电学实验，证明了天上的雷电与人工摩擦产生的电具有完全相同的性质。富兰克林关于天上和人间的电是同一种东西的假说，在他自己的这次实验中得到了有力的证实。

雷 电

"印刷工"——富兰克林

"由于同这次如此重大的发现（或许是伊萨克·牛顿爵士以来最伟大的）的每一情节都将给所有我的读者以快乐，我将努力地传递我从最高权威那里得到的若干新细节来满足他们。

"在发布了富兰克林的验证——他的关于电和雷电是一回事的假说的方法后，博士（富兰克林）等着在费城筑起一座塔尖（在基督教教堂），以便将他的观点付诸实践，而不是想象用一个大致差不多高度的尖头竿子来达到那目的。这时，他忽然想到借助一只普通的风筝，他就可以更好地深入雷电区了。

"风筝升了起来，在它显示出带电以前，过了相当长的一段时间。一块很有放电希望的云笼罩了它，但没有任何反应。最后，就在他开始对他的努力感到绝望的时候，他观察到麻绳上一些松散的线直立了起来，相互让开，仿佛它们被定在了一个共同的导体上。注意到了这一充满希望的现象，他立即将他的指关节伸向钥匙，发现就这样完成了。他感觉到了十分明显的电火花。其他的人也成功了，甚至在绳子被淋湿前。因此这一事实平息了所有的纷争。当雨淋湿了风筝的绳子时，他收集到了大量的电火花。这事发生在1752年6月。"

这段话是富兰克林的朋友、英国皇家学会的普利斯特里写下的——富兰克林自己没有公开描述过这件事。普利斯特里是在富兰克林眼皮底下写的，一定亲耳听到了富兰克林说的关于此事的情况，写出的草稿也经富兰克林过目了。

当年9月，富兰克林就"竖起了一根铁竿把雷电引入我的屋子里，以便对它做一些实验，用两只铃在铁竿受电时引起注意"。

他在附近的铁匠铺定做了一根2.7米长的顶端尖削的铁杆，把它安放在烟囱顶上。铁杆的下端拴上鹅的翎管那么粗的金属线，然后将金属线沿楼梯引到屋子里的金属水泵上，而水泵是通向地下的。他又把

※ 冒着生命危险做实验的富兰克林

屋里的那段金属线分成两股，两股线的终端相距6英寸，各挂上一只小铃，两只铃的中间，用丝线吊着一只小铜球。当金属线有电流通过时，铃上的铜球就会响起来。

他写道："在频繁地从上方的铃吸取火花和为电瓶充电后，一天夜里，我被楼梯上响亮的劈啪声惊醒了。我跳了起来，开门出去，我察觉到那铜球不是像往常那样在铃之间颤动，而是被支开，离开两只铃有一定的距离；当那火通过时，有时候很响亮、迅疾的劈啪声从一只铃到另一只铃，有时候呈一条连续不断、浓稠的白色溪流，看上去有我的手指般粗细。这时，整个楼梯亮如白昼，人们可以捡得起一根针来。"

看来，尽管他竖起那根铁竿主要是来取电做实验，但他也想到了用它来保护自己的房屋。10月1日他写给柯林森的信中谈了风筝的事后，加上了一段附言，言及了避雷针："我很高兴听说我的实验在法国取得成功，及他们开始在他们的建筑物上使用尖状物。在那以前，我们已经在我们法院和市政大楼的屋顶安装了。"这是最早的关于避雷针实际应用的信息。

风筝实验的成功使富兰克林在全世界科学界的名声大振。英国皇家学会给他送来了金质奖章，聘请他担任皇家学会的会员。他的科学著作也被译成了多种文字。

在荣誉和胜利面前，富兰克林没有停止对电学的进一步研究。1753年，俄国著名电学家利赫曼为了验证富兰克林的实验，不幸被雷电击死，这是做电实验的第一个牺牲者。血的代价，使许多人对雷电实验产生了戒心和恐惧。但富兰克林在死亡的威胁面前没有退缩，经过多次实验，他制成了一根实用的避雷针。他把几米长的铁杆，用绝缘材料固定在屋顶，杆上紧拴着一根粗导线，一直通到地下。当雷电袭击房子的时候，它就沿着金属杆通过导线直达大地，使房屋建筑完好无损。1754年，避雷针开始应用，但有些人认为这是个不祥的东西，违反天意会带来旱灾，就在夜里偷偷地把避雷针拆了。然而，科学终将战胜愚昧。一场挟有雷电的狂风过后，大教堂着火了，而装有避雷针的高层房屋却平安无事。事实教育了人们，使人们相信了科学。

避雷针相继传到英国、德国、法国，最后普及到世界各地。从此，人类历史上诞生了一句名言，以用来描绘他的这一成就："他从天空抓到了雷电，从专制统治者手中夺回了权力。"

针锋相对战业主

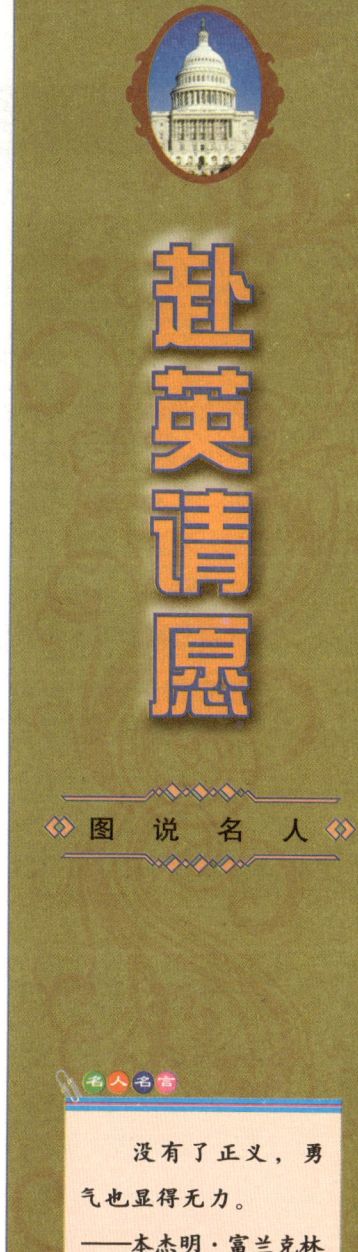

赴英请愿

图说名人

正当富兰克林在科学研究上不断取得新成果的时候，英国殖民者统治则愈加残暴，北美殖民地的民族解放运动也日益高涨。1757年，富兰克林被宾夕法尼亚立法机关派去伦敦解决一起有关土地征税的争端。

7月26日，富兰克林如期到达了伦敦。

到达伦敦后，富兰克林首先拜访了约翰·福瑟吉尔医生。几年前，富兰克林给皇家学会关于电学实验的信就是在他的敦促下方得出版的。福瑟吉尔得知富兰克林的来意后，认为他不应立刻就直接向政府申请，而是应该先向业主提出请求，并准备替富兰克林安排同业主托马斯·宾会面。

几天以后，富兰克林和以托马斯·宾为首的业主在春园举行会谈。富兰克林陈述了议会申诉的要点，但业主们要求他通过书面方式将其一一列出来交给他们。8月20日，富兰克林把一份书面的申诉要点交给他们时，他们又要富兰克林和他们的律师谈。富兰克林拒绝了，声言除了业主本人他不和其他任何人谈判此事。

双方一直僵持着，直到1758年11月，业主们才准备了一份答复寄给宾州议会，指责富兰克林没有按正常礼节处理此事，理由是富兰克林在交给他们的申诉要点上没有写上"宾夕法尼亚州真正的绝对的业主"的称呼。然而，就在一年多的时期里，宾州议会已经

名人名言

没有了正义，勇气也显得无力。
——本杰明·富兰克林

知识链接

拜会枢密院议长

在等待同托马斯·宾晤谈期间，富兰克林的朋友柯林森通过弗吉尼亚大商人汉布雷，介绍富兰克林拜会了枢密院议长格兰维尔勋爵。见面以后，彬彬有礼的格兰维尔勋爵询问和谈论了一番美洲的现状后，谈话便转入正题。格兰维尔说："你们美洲人对于你们的政体有一种错误的看法：你们认为国王对州长的训令并非法律，以为你们可以任意决定遵守与否。但是这些训令……都是先由熟知法律的法官们起草，然后由枢密院考虑、辩论或修改，最后由国王签署。所以这些训令对你们来说是国法，因为英王是'殖民地的立法者'。"富兰克林听了这话，回答说："这对我是闻所未闻。根据我们的宪章，我一直以为我们的法律是由我们的议会制订的，它当然要呈请国王批准，但一经批准，国王就无权加以废除或更改。所以虽然议会不经国王的批准不能制订永久性的法律，但是不得到议会的同意国王也不能立法。"

谈话的结果是双方都认为对方是错的。就这样，富兰克林告辞回寓所去了。和格兰维尔的谈话在他的心里蒙上了一层阴影，因为他看出，国王的一位大臣谈论此事的口吻同业主们竟然如出一辙，他感到这次到伦敦向国王申诉，成功的希望十分渺茫。

说服丹尼州长通过了一个议案，规定业主的财产也要像人民的财产一样纳税。议会已没有必要回答业主的责问了。而业主们所要做的就是当这个议案送到英国来的时候，设法阻止国王加以批准。

在业主们拖延答复的长时间里，富兰克林还接待了不少来访者。其中有马萨诸塞前州长谢利，富兰克林在殖民地邮政事务上的合作者威廉·亨特，还有詹姆士·拉尔夫。对富兰克林来说，更为有意义的是有了从事科学探索的空闲。

这次到伦敦来，他随身携带或者就地设计制作了最强有力的电学器械。1757年12月21日，他写信告诉皇家学会会长约翰·普林格尔，关于在宾夕法尼亚时一例电疗瘫痪病人的效果的记述，他写道："我从不知道对永久性瘫痪病进行电

"印刷工"——富兰克林

疗的疗效。我也不敢妄自断言这种明显的短暂的疗效。由于病人作长途行走练习并每日到我家来，它对病人带来成功希望的精神作用使病人花更多气力去活动他们的肢体，会维持多久。"他和第一个在英国从空中引下雷电的约翰·坎顿成了朋友；他还为哈佛大学购买电气设备，认真地装配它，并为之配备了一份详细的说明书；他还在1758年5月和儿子一道到剑桥大学和化学教授约翰·哈德里一道作蒸发实验，并由此想到许多用水的蒸发来降温或测风向的事例。

1758年元月，一个古怪的谣言从波士顿传来，说富兰克林被授予男爵爵位，并被任命为州长了。但富兰克林真正的实实在在的荣誉却是在2月12日被圣安德鲁大学授予法学博士学位。同年晚些时候，他到苏格兰去旅行，其间（9月5日）爱丁堡给予他市下院议员和同业公会成员的荣誉。他会见了不列颠最敏锐的思想家大卫·休姆，苏格兰的历史学家、后来的爱丁堡大学校长威廉·罗伯逊，格拉斯哥的教授亚当·史密斯。

此外，富兰克林父子还造访了普列斯顿菲尔德的医学院院长亚历山大·迪克爵士。格拉斯哥的自然哲学教授约翰·安德森则陪伴富兰克林经珀斯到圣安德鲁大学，在那里，富兰克林得到了学位证书。

富兰克林并没有消极等待业主答复，在那段时间里，他要争取一切机会，为他的殖民地人民争取权利。他除了和见到的每一个可能有影响力的人谈这件事，还诉诸出版物，以求影响公众舆论，目的是"消除过去在人为和偶然的机会散布在这个国家的人民中不利于我们的偏见，为我们争取没有隔阂的人类的良好看法"。（1758年6月10日致州议会的信）他计划出版一本书，把这场争执的来龙去脉交代清楚，书名为《宾夕法尼亚宪法和政府的历史回顾》。这本书于1758年6月写成，但其出版却被延搁了一年左右。

业主们群情激奋，因为书中犀利的语言刺中了他们的痛处。富兰克林于1759年6月9日写到业主宾时，说："无论我在哪里见到他，他那令人不快的表情中总是出现一种奇特的神情，那是由仇恨、愤怒、恐惧和烦恼混合在一起的神情。"作为业主，这些人每年从其领有的殖民地获得大笔的收入，但是出于阶级的偏见，他们自视为那一州的所有者，却又不愿对它的发展甚至安全负任何责任。这时，他们的感觉是在自由的名义下受到了威胁，这威胁不仅来自顽固的议会，也来自这个来到伦敦的狡猾的能人，煽动舆论来反对他们以便褫夺他们的领地。他们决心阻止这一企图得逞。

1760年6月，枢密院种植园事务委员会的报告反对宾州议会通过、州长签署的发行纸币10万英镑以及业主的地产也须纳税的议案，理由是它"公然践踏天赋公理、英国法律和皇室特权"。

在这种情况下，原打算不久便到爱尔兰去的富兰克林留在伦敦度夏，参加对此案的审理。

在审理中，业主和他们的两名律师极力陈说如果按照这项议案向业主征税，业主必将因负担过重而破产。富兰克林和他的两名律师则反驳说，这个议案并不含有这样的意图，估税人员也都是诚实而谨慎的人，增加业主的税额对他们并没有多少好处，他们不会因此而违背他们要合理估税的誓言。

为更具说服力，富兰克林一方还指出废除这一法律将造成的严重后果：宾州已经发行了相当于10万英镑价值的纸币，用于英王军务，纸币已经在民间流通。法律若遭废除，纸币顿时成为废纸，不少人必将因此而破产，对宾州来说不啻一场灾难。

听到这里，枢密院的一位大臣曼斯菲尔德勋爵站了起来，示意富兰克林跟他出去。他们到了秘书室以后，曼斯菲尔德问富兰克林是否真的相信执行这项法律时业主的财产不会受到歧视。富兰克林作了肯定的回答。曼斯菲尔德接着问："那么你不反对立约担保这一点吗？"富兰克林答道："一点也不反对。"于是，曼斯菲尔德将业主的律师请来。经过一番讨论，双方接受了曼斯菲尔德的建议——在议案的基础上略作修改。

在富兰克林一方毫不退让下，8月28日，种植园事务委员会表示赞同这项法律，但须对它进行某些修改。

这一议案于9月2日也得到英王的批准。

在这项法案的审理中，业主终于认识到，达成妥协比废除法案要好，而富兰克林作的让步是微不足道的。这场斗争以宾州议会获得胜利而告终。

业主失败的真正原因在于，他们所要维护的封建特权在英、美社会已是过时的东西，英王自己在英国也是要纳税的。

9月中旬，富兰克林带着儿子心满意足地离开伦敦，去了考文垂，在那里又计划去柴郡、威尔士、布利斯特尔和巴斯，后来又游览了利物浦、格拉斯哥和伯明翰。到11月中旬，他们回到了伦敦，但暂时不能回美洲，因为富兰克林接到了新的任命，他被任命为宾夕法尼亚在伦敦的官方代理人。

"印刷工"——富兰克林

军民领袖

富兰克林在伦敦的"家",位于伦敦斯特兰德的克来门街7号。这里是宾夕法尼亚在伦敦的代理人查理先生在富兰克林父子抵达伦敦之前就帮他物色好的。房东是一位孀居的夫人,名叫玛格丽特·斯蒂文森,和女儿玛丽(家人称她"波莉")生活在一起。

在伦敦生活的这段时间,富兰克林是十分愉快的。他和儿子参观了许多地方,会见了多位朋友。其间富兰克林还研制了一种称为"玻璃琴"的乐器。那是他根据理查德·波克里奇1743年发明的"音杯"的原理研制而成的。富兰克林将这种乐器

知识链接

宾夕法尼亚州

宾夕法尼亚州,是美国东部一州,为立国13州之一。宾夕法尼亚州西北临伊利湖,北和东北接纽约州,东接新泽西州,东南临特拉华州,南连马里兰州,西南为西弗吉尼亚州,西与俄亥俄州接壤。1787年12月12日,经联邦宪法批准,宾夕法尼亚成为加入联邦的第二个州。该州自从建立之初就以宗教自由和政治民主著称,在北美有很大影响。美国历史上的许多重要篇章都是在宾州谱写的。由于该州地处13州的正中(北部有6个州,南部有6个州),再加上该州在美国独立时的中坚作用,故有"拱顶石州"之称。

※伦敦街景

称为"阿莫尼卡"（玻璃琴）。

阿莫尼卡问世后，骤然流行于世，而且持续了很多年。富兰克林对此不无自豪。

1762年1月，富兰克林决定返回费城。由于英法正在交战，他得等待军舰护航。就在等待期间，牛津大学授予他民法博士学位。4月底他去了牛津大学。在30日举行的典礼上，富兰克林又被授予宾夕法尼亚在英王陛下朝中的代理人、皇家学会会员这一荣誉称呼。他的儿子威廉·富兰克林在同日被授予文学硕士学位。此后不久，威廉·富兰克林被任命为新泽西州州长。这项任命是乔治三世的国务大臣也是宠臣布特勋爵一手促成的，意在以此影响富兰克林对宾夕法尼亚的州长，当然还有业主的立场。

11月1日，回到费城的富兰克林受到热烈的欢迎。

在家里，从他踏进家门，和亲人短暂相见之后，家中便从早到晚挤满了前来看望他、庆贺他归来的朋友们。这使他感到欣慰。因为他在伦敦时曾听说朋友们不再忠实于他，这时看来，那不过是没有根据的传闻。

而他的乡人们已在一年一度的州议会选举中把他选入了议会，正如在他出使英格兰的五年中每年所做的那样。人们埋怨富兰克林不该那样悄悄地回到城里，不然的话，他们要派出500骑把他迎入城来。1763年2月19日，议会的议长代表议会发言，"为他特别为本州尽心尽力完成使命，也为他报效美利坚而做的大量而重要的工作"而向这位代理人致谢。

归美后，富兰克林把大部分时间用于处理邮政事务。当时，加拿大已在英国手中，纽约和蒙特利尔

"印刷工"——富兰克林

及魁北克之间必须建立某种通讯联系。富兰克林视察了从南部弗吉尼亚到东部新英格兰的地方邮政局。1763年4到5月,他在弗吉尼亚逗留了三四个星期,同他的新同事约翰·福克斯克罗夫特会晤。6月,他在纽约和那里的新州长卡德瓦拉德·科尔登及驻美英军总司令杰弗里·阿姆赫斯特晤谈。

1763年,一纸合约暂时终结了英法七年的战争,自然,北美的英法对抗也停止了。然而,它并没有带来北美印第安人和殖民者之间的和平。印第安人越来越清楚地看到殖民者的所为,预计到在军队退去后,接踵而至的必将是越来越多的移民,夺去他们的土地,剥夺他们在故土打猎的权利。因此,印第安人,包括一向同英国殖民者友好相处的"六族"印第安人都开始骚动不安起来。1763年夏季,在亲法的印第安人中爆发了一场被称为"旁提亚克阴谋"的大范围暴动。旁提亚克是渥太华族印第安人的首领。西部的印第安人向从底特律到皮特堡的长长的边境线上的英国人发起进攻。底特律和皮特堡的守军总算保住了这两处边防要塞,但是在5—6月期间,尼亚加拉以西的其他每处边防军队全都遭到突袭和屠杀。

其后,俄亥俄的各处堡垒也陷落了,像在数年前布雷多克的英军战败以后一样,一股一股的印第安作战人员踩躏了东至坎伯兰县的宾夕法尼亚全境。一些边地的英国殖民者开始武装起来保卫自己的身家性命。在兰卡斯特县,一些帕克斯顿和多内戈尔城的苏格兰——爱尔兰籍移民组织起来,自称"帕克斯顿之子",却将怒火发泄到和平居住在宾州境内安分守己的印第安人身上。一些这样的印第安人,如在莫拉维亚派教徒保护下的伯利恒附近的印第安人,已安全迁徙到费城。但在12月里,50多名"帕克斯顿之子"突然闯入兰卡斯特附近康内斯多哥族印第安人的和平村庄,杀死了全部村民。

11月起,州长约翰·潘两次发布公告悬赏捉拿这伙罪犯,可是毫无结果。

对"帕克斯顿之子"屠杀和平的印第安居民一事,宾州居民持有不同看法。边境各县一向认为州政府抛弃了自己,州政府之人对边境安全既冷淡又自私,他们只好自己来处理边防。此时此刻他们则将这股宿怨用来同州政府唱反调。如兰卡斯特人就支持或谅解这些杀戮,使得这伙嗜血的暴徒从团伙发展为数百人的军队,窜犯到费城,叫嚣要将莫拉维亚教派的印第安人斩尽

※ 英法战争

杀绝，并口念圣经经文，以为他们残暴行径涂上几分正义的色彩；东部的长老会派教徒也倾向于赞同他们，宾夕法尼亚境内的印第安人眼看要大难临头。

这时富兰克林站了出来，他要扭转这种局面。他认为，无论"帕克斯顿之子"的动机是什么，它首先是彻头彻尾的暴行和残杀，而这就绝对是错误的。1764年1月，他用热烈的感情和动人的笔调写下了一

"印刷工"——富兰克林

被入侵。就在传闻暴徒即将到来的一片恐慌之中，头脑冷静的富兰克林组织了又一个协会，自己第一个报名，数百市民跟着加入，拿起了武器。

2月3日，州长召集议会，要求通过一项关于制止暴乱的议案，议案在当天就被审阅通过了。8日，议长和15名议员碰了头，又匆匆散会了。突然，有人报告说，有一些暴徒正杀气腾腾地向城市逼近。全城都紧张起来。当天夜里，州长亲自来到富兰克林家中，后面紧跟着他的参事会参事们，来向富兰克林求教。不久，暴徒们在另一处渡口过了河，叫叫嚷嚷地来到距费城14或15千米的日耳曼城。在那里，他们停下来了。富兰克林应州长的请求，只带了三个人出城来见他们。

出来之时，四人都抱着"宁为玉碎，不为瓦全"的牺牲精神，一脸的无畏神色。富兰克林对闹事者仍晓之以理。他们心里是紧张的：如果暴徒坚持要进入费城，费城人民即将面临一场浴血厮杀。

万幸的是，一番唇舌之后，暴徒们转身后退了。外表一直镇定如常的富兰克林望着他们退去，松了一口气，和同伴们回城去了。

11日，暴徒们便散去了。

州长及其政府的庸懦无能在

文——《近来兰卡斯特县屠杀印第安人的实录》。

文章印成小册子发表之后，暴徒们凶险的面孔暴露出来。费城的大多数居民决心不让莫拉维亚教派的印第安人遭到屠杀，也不让城市

知识链接

《近来兰卡斯特县屠杀印第安人的实录》

在文中，富兰克林先用朴实无华的语言淋漓尽致地叙述了屠杀的经过，然后写道："有些人想为这种重大的罪行开脱，说是'边疆的居民因为他们的亲属在最近的这次战争中被敌对的印第安人杀害而激怒了'。这很可能。然而，尽管这可以给他们以正当理由进入丛林中去搜寻那些杀人者，并向他们复仇，但绝没有使他们有理由转身进入内地去谋杀他们的朋友。假如一名印第安人伤害了我，接下来我就可以向所有的印第安人报复吗？众所周知，印第安人有着部落、民族和语言上的区别，和白种人一样。在欧洲，如果法国人——他们是白种人——伤害了荷兰人，荷兰人就该因为英国人也是白种人而向他们报仇雪恨吗？这些不幸的人的唯一罪过是他们生着红棕色的皮肤和黑色的头发，而看来是这种人中的某些人杀害了我们的亲属。如果为这样一个理由就可以去杀人，那么，假若一个脸上有雀斑、头发是红色的人杀了我的妻子或孩子，我就可以在以后杀死我在任何地方遇到的所有的有雀斑的红发男人、妇女和儿童作为复仇。

"这在欧洲是没有教化的民族之所为。难道我们是到美洲来学习并实践野蛮人的做法吗？但是，即使作为野蛮人，他们也只对敌人才这样干，而不是对朋友。

"生活在这样一个时代，与这样的人为邻，他们真是不幸！

"简而言之，事情似乎是，他们在已知世界的任何一个地区都会得到安全，除了在帕克斯顿和多内戈尔的基督教白种野蛮人的邻近地区！"

这次事件中显露无遗，他们越来越遭到人民的蔑视。州长等人则加深了对富兰克林的忌恨。外患既经消除，议会和州长即业主之间的矛盾再一次激化。这一次，业主在宾州的统治开始动摇。

暴乱平息以后，州议会通过了一项国民自卫队议案和拨款议案，但马上被州长约翰·宾否决了。其后，关于拨款的议案在议会和州长之间往返了一个月，仍不能达成一致。3月24日，议会将这一议案再次

"印刷工"——富兰克林

交给州长，并附上一张便条，那便条可能是富兰克林写的，措辞强烈并带有刺激性。同一天，议会决议休会，并决定上书英国国王，把宾夕法尼亚"转归他直接的保护和治理"。

在休会期间，富兰克林撰写并印刷了一本题为《关于我们公共事务目前形势的冷静思考》的小册子，在4月12日夜里散发到城里各处。在小册子里，他提出了这样的观点：所有的业主统治者并非比其他的统治者更坏，在业主统治下的所有人民也不比其他统治者之下的人民处境更坏；既然争执由双方引起，那么双方都有责任，其原因不在于人类思想的邪恶和自私，而应该在于宪法，在于业主政府的性质本身。

这一小册子的发表在费城的政界引起了轩然大波。

当时，北美殖民地居民已对英国在殖民地的政策十分不满。1764年3月，英王的忠实朋友乔治·格兰维尔宣布了向殖民地征税和管理殖民地贸易的新法规，包括当时提出的印花税议案。富兰克林自己也因之改变了对乔治三世的看法，从原来坚信"他那使人民幸福的真挚愿望的美德和良知"变为发现殖民地人民的利益像"泥土在制陶者手中"一样握在英国当局手中。但他那根深蒂固的殖民地和宗主国是个整体的观念，使他看不清宗主国是在有意削弱殖民地的商业贸易和制造业以发展本国的工商业，殖民地和宗主国之间在经济利益上有着根本的矛盾和冲突，也没有发觉自己的思想已经落后于北美殖民地广大人民的愿望和要求，脱离了殖民地人民中正在升温的革命情况。

与他抱有同一想法的是年轻律师约瑟夫·加洛维。在富兰克林出

知识链接

英属北美殖民地

英属北美殖民地，1607—1775年英国在北美东起大西洋沿岸西迄阿巴拉契亚山脉的狭长地带建立的13个殖民地。它们是：弗吉尼亚、马萨诸塞、康涅狄格、罗得岛、纽约、新泽西、特拉华、新罕布什尔、宾夕法尼亚、马里兰、北卡罗来纳、南卡罗来纳、佐治亚。它们从属于英国，但相对独立自治，由英王特许，赋予政治自治权利，但不能占据议会席位。1607—1732年间有16个，由于兼并就只剩13个，它们也就是美国建国之初的13个州。

使英国期间，加洛维多少代替了他在议会中的位置。此时，加洛维同富兰克林一样，相信乔治三世"只怀有为人民谋利益的愿望，他将委派一位州长，这位州长不受业主指示的制约，会自主地同议会一道，使健全的法律生效"。

站在他们对立面的反对派则以另一位年轻律师约翰·迪金森为首，他承认业主政府的不善，但认为没有充分的理由去以为内阁将委派比业主的州长更好的州长。

5月，议会召开了，议题是向英王请愿，要求英王直接统治宾夕法尼亚。这时，伊萨克·诺利斯辞去了他荣任十四年之久的议长之职，富兰克林当即被不记名投票选举通过继任这一职务（5月26日）。于是，富兰克林以议长的身份签署了他起草的请愿书。其后，他主持了5月会期中剩下的会议和9月的短期会议。10月1日的议会选举临近了。

在竞选中，迪金森将他在5月辩论中的讲话印成小册子，上有威廉·史密斯写的序言；加洛维则出版了他的小册子，富兰克林为他写了一篇长长的序言，主要是颂扬议会，抨击议会的敌人。但是，在人们画的漫画中，报纸的批评中，人们尖锐的指责中，富兰克林却成了主要的攻击目标。

费城的选举结果揭晓了，在近4千张选票中，加洛维以25票之差失败。但是在州议会中，加洛维一方仍保有多数，因而在新一届议会开会时，他们不仅决议向英王请愿，而且还于10月26日选举富兰克林为代理人，会同现任宾州代理人理查德·杰克森去完成这一艰难的使命。反对派举行游行反对这一选派。和在竞选中不同，这一次，富兰克林回应了。11月5日，他写了《评最近的一次抗议》一文，它的结尾是这样的："现在我即将离开（也许是最后离开）这块我爱的国土了。在这里，我度过了我生命的最大部分……我祝愿我的朋友繁荣昌盛，我宽恕我的敌人。"

富兰克林由300位朋友骑马陪同到距费城21千米的切斯特搭船，从那里，加洛维和另两位朋友伴随富兰克林登船，一直送他到纽卡斯尔，才下船离去。

这次航行顺风顺水，1764年12月9日，富兰克林乘坐的船抵达怀特岛。富兰克林下船登岸，立即赶往克来门街的斯蒂文森家。他进了门，发现家中只有女佣一人。好一会儿过去，街门响了，玛格丽特·史蒂文森走了进来，她看见富兰克林如神兵天降出现在她眼前，高兴得任由手里的书掉在地上。

"印刷工"——富兰克林

答辩会舌战群雄

富兰克林此次受宾州议会委派来英请愿，有两个方面的目的。一是请求英王建立对宾夕法尼亚的直接统治，一是反对英王批准印花税法。前者是为宾州人民请命，后者是为全体北美殖民地人民的共同利益而斗争。为达到目的，富兰克林得游说英国当权者，既不能让步，又不能触怒他们。因为宾夕法尼亚的业主们是有影响的，他们一直在发挥着他们的作用，富兰克林不得不同他们展开争夺，争夺当权者的支持，争夺舆论的同情。

但是第一项请求就不太顺利，富兰克林发觉枢密院的态度十分冷淡，甚至不愿意倾听请愿书的内容。一直到1765年11月，富兰克林才设法将请愿书呈递给那些大臣。这时，枢密院却推说国王无权干预业主和他的人民之间的事。实际上，由于殖民地人民反对印花税的浪潮正在高涨，英国当局对殖民地人谈论应如何治理殖民地讳莫如深。宾夕法尼亚议会请求英王直接治理在当时无法实现。在此不妨一提的是，剥夺宾州业主的统治权一直到美国独立后才得到解决。那时，宾州议会决议付给业主13万英镑以赎买他对宾夕法尼亚的权利，而英国政府则以付给业主的家族4000英镑年金了结

※富兰克林于1766年出使伦敦时，由画家大卫·马丁为他所绘的画像

了此事。

第二项请求，即对于印花税的征收，富兰克林早就持反对态度。富兰克林感到，问题的关键所在是征税的方式。英国议会在不征求美洲殖民地人民的意见的情况下，无论决定向殖民地征收何种税，都是践踏了北美殖民地人民的权利。富兰克林反对通过印花税，是从这个角度出发的。

在英国议会通过印花税议案前，1765年2月2日，格兰维尔接见了各殖民地代理人。

格兰维尔说他负责管理国家的赋税事务，只能用目前提出的税收政策来分配北美殖民地所应承担的税额。各位代理人如有异议，可提出建议。富兰克林认为通过"通常的宪政方法"更为合适，也就是说，由国王提出所需税额，由各殖民地议会进行相应的投票通过。印花税提案交付下院时，几乎没有进行辩论。只有爱尔兰籍议员伊萨克·巴雷在2月6日为殖民地人民激烈陈词，但显然，这番激烈的陈词并没有打动英国高层。13日，印花税提案在宣读时没有讨论便通过了。第二天，富兰克林向费城报告说："尽管我们提出了所有的反对意见，印花税提案仍将通过。"

果然，印花税提案在下院通过后，又在上院获准。3月22日，英国国王通过委员会批准了它。

就在印花税提案通过以后的一天，格兰维尔的秘书惠特利给富兰克林送来一份通知，通知上邀请富兰克林第二天上午赴约。富兰克林去了，发现其他殖民地的代理人也在那里。惠特利告诉他们说，格兰维尔先生希望在实施印花税法案时，尽可能地不使美洲殖民地人民感到不便和不快，因此不打算从英国派去征收印花税的官员，而准备在当地居民中委任一些为人谨慎而又卓有声望的人士担任此职。这样做，殖民地人民会觉得容易接受一些。因此，惠特利希望各代理人为自己所属的殖民地提出一些人选。

虽然富兰克林明知道格兰维尔这样做是在玩弄政治手腕，目的是顺利收取印花税，但富兰克林还是决定"合作"。因为他认为，既然印花税的征收已成定局，与其让英国官吏去征管，不如让殖民地的人自己管理。美洲的事情应由美洲人自己处理。因此，他提名自己的朋友约翰·休斯作为宾夕法尼亚的税吏，并建议当时康涅狄格的代理人贾雷德·英格索尔在该州担任此职。

可是，令富兰克林始料不及的是，他在美洲的同胞们对这件事

"印刷工"——富兰克林

同他的想法不一样。他们并不以法案在英国通过为定局,而是认为凡是不正当的就要反对,英国议会向美洲殖民地征税是越权。因此,他们开始猛烈反抗了。富兰克林不赞成用暴烈的行动对抗法定的议案,他主张一边依法实行,一边进行斗争,争取通过合法途径废除那不合理的法案。

抵制实施印花税法案率先在弗吉尼亚发起。该州议会的决议在波士顿用更加激烈的措辞重印出来,散发到殖民地各处,像警钟一样传遍了从哈利法克斯到圣奥古斯丁的北美殖民地,惊醒了那些尚未奋起的人。各州议会的抗议或许还有所克制,普通民众则直言不讳。当马萨诸塞的州议会于10月份在纽约召集州际代表大会时,各殖民地的成帮结伙的普通老百姓已组织起来,称"自由之子"——巴雷上校在英国议会对他们的称呼。

9个殖民地向代表大会派了代表,在这次大会上,各殖民地达成一致的程度超过了十一年前奥尔巴尼会议,各殖民地已空前地团结起来。8月,印花税征税官的姓名在殖民地公布,从纽汉普什尔到南卡罗来纳的殖民地人民揭竿而起。波士顿的反抗运动最为猛烈,富兰克林的朋友宾夕法尼亚的休斯和康涅狄格的英格索尔都受到了起义者的威胁,被迫辞职。在法案行将实施之际,殖民地的大地上已没有一名执行它的官吏;印花运到了,却没有什么人使用它。商业在不贴印花的

知识链接

印花税

从税史学理论上讲,任何一种税种的"出台",都离不开当时的政治与经济的需要。印花税(Stamp duty)作为一个很古老的税种,被资产阶级经济学家誉为税负轻微、税源畅旺、手续简便、成本低廉的"良税"。英国经济学家哥尔柏也说过:"税收这种技术,就是拔最多的鹅毛,听最少的鹅叫。"印花税就是具有这种特点的税种。

1624年,荷兰成为世界上第一个使用印花税的国家,由于其"取微用宏",简便易行,欧美各国竞相效仿。丹麦在1660年、法国在1665年、部分北美地区在1671年、奥地利在1686年、英国在1694年先后开征了印花税。在很短的时间内,印花税便成为一种普遍税种,并在国际上盛行。

情况下继续着，或根本不再进行；殖民地人民还准备恢复被英国政府禁止的制造业；人们为了抗议这项法案，广泛抵制英货；商人停止进口英国货，已经订了货的也停止偿付货款。债主们坐立不安，不少人失去工作，社会动乱不安。

在费城，富兰克林遭到了他的政敌对他的狂虐攻击。他的政敌四出散布流言，说是富兰克林促成了印花税法案的通过，并从中获利；是他给他的同胞设下了圈套。一些受到煽动的起义者扬言要烧掉富兰克林的新住宅。威廉·富兰克林闻讯后，匆匆忙忙地从伯林顿赶到费城，劝母亲和妹妹到他那里避避风头。黛博拉只让萨拉去了，自己不愿离去。她的一个弟弟和富兰克林的一个侄儿搬来陪她同住，她让他们带了枪来。她知道她没有伤害任何人，她丈夫也没有；她也相信万一有什么麻烦，她的朋友会比敌人多。

由于这场广泛的反抗和抵制，英美之间的贸易降至半数，英国上下为之震惊，经济利益受到损失的英国制造商、大商人、船主、商贩开始加入到殖民地人民反对印花税法案的行列中去。

富兰克林也震惊了，但不是为了自己。他为之震惊的是构成英帝国整体的殖民地同宗主国的分裂。他发现自己力图将这两个部分拉到一起，而同时被这两个部分猜疑：英国政府视之为代表殖民地说话的使者；殖民地则认为他亲英。实际上，如果要他选择，他会毫不犹豫地站在殖民地人民一边，因为他本来就是他们中的一员。但同时他又不愿看到帝国的分裂。最后他决定了自己的立场，即以殖民地人民的要求作为自己的观点的证据，那观点就是，帝国统一的基础在于北美殖民地的地方政府和殖民地在英国议会中有代表。他要以此为依据，去促使英国当局废除印花税法案。

然而，摆在富兰克林面前的形势却使他无从下手。当时格兰维尔内阁由于同印花税法案无关的原因而倒台，新的罗金厄姆内阁上台之初持相反立场；对于殖民地人民的抵制和反抗，英国议会十分不满，越加坚持印花税法案；格兰维尔及其追随者不肯承认自己的劣政；乔治三世则认为美洲殖民地人民是和自己亲政的计划过不去；土地所有者则因为该法案许诺由殖民地人民供给英国驻美军队，便可减轻他们的税务负担而顽固支持这项法案。到罗金厄姆内阁执政后，急于证明

"印刷工"——富兰克林

格兰维尔内阁政策之不明智时，它内部又出现分裂，自身的地位也不稳固；威廉·皮特主张废除印花税法，但他拒绝进入罗金厄姆内阁，影响力有限。

富兰克林没有就此打住，他知难而进，积极地同一般的英国政治家交谈，力图和他们沟通思想，使其理解乃至接受自己的观点。他还和英国与美洲殖民地有关的工业资产阶级、商人、运输业人士联系，鼓动他们向议会、政府施加压力。在英国，这些人在议会中的代表很少，力量也不大，但他们是正在兴起的阶级，他们的经济力量正在迅速增长，政治影响力也逐步加强。12月4日，许多这样的厂主、商人和船主在金斯阿姆斯酒店聚会，酝酿全国各地城镇联合上书请愿，要求废除这个被富兰克林称为"罪恶源头"的法案，并准备为下院安排一次听证会来证明该法案的恶果。

议会于12月17日和次年元月14日开会，会上对是否废止印花税法展开了激烈的长时间辩论。格兰维尔及其一党极力为印花税法辩护，得到英王及其友人和一部分阁员的赞赏及土地贵族代表的拥护。

在议会辩论期间，富兰克林没有闲着。他将议会辩论的情况报告给公众，向各家报纸写匿名信，尖锐地抨击印花税法案。他还以一个政治家的远见和敏锐积极做好准备，一有机会便亲口说出自己的意见。富兰克林果然没有徒劳，英国的工商资产阶级发起的议会有关委员会的听证会给了他发言的机会。

1766年2月13日，富兰克林，这个当时最有名的美洲人出席了听证会。向他发问的有敌人也有朋友，敌人是企图引他作不利于废除印花税法的回答；朋友则相反，尽量使他论证废除这一法案的必要性。功夫不负有心人，听证会最终以富兰克林胜利而告终。

听证会结束后一个星期，2月21日，废除印花税的提案由亨利·西摩·康韦在议会动议。在下院通过

宗主国

一、自人类文明早期阶段、国家形成过程中或产生国家以后，各个部落或共同体共同承认的首领，或封建时代各个王国、诸侯国共同承认的中央政权；

二、对殖民地或附属国进行统治的国家。

以后，又在上院通过，并于3月8日被王室批准。印花税的废除，应归功于英国的与殖民地有关的厂商和船主，英国的这股阶级力量为利益所驱动，在英国朝野奔走鼓噪，在这场斗争中起了重要的实际作用；这一胜利也应归功于殖民地人民的抵制和反抗，那是这场斗争的最广大深厚的力量，它使得英国统治者既恨且怕，一筹莫展，是富兰克林唇枪舌剑的坚强后盾；最后还应归功于富兰克林和英国决策人物之间那场短兵相接的较量。富兰克林以其对殖民地和宗主国关系问题上的广博知识和深刻理解为基础，机智、有策略而绝不丧失原则的雄辩，连敌对者都为之倾倒，使得英国统治集团中的敌对者失去了武器，同盟者增强了信心。废除印花税的法案顺利通过并获批准，同富兰克林的成功答辩有直接的关系。

其后，富兰克林答辩的全文以《讯问》为名先后在伦敦、波士顿、纽约、费城和威廉堡发表，次年又在斯特拉斯堡发表。在美洲殖民地人民眼中，富兰克林成了英雄。他在英国议会面前捍卫了殖民地人民的事业，为他的同胞赢得了巨大的胜利。在宾夕法尼亚，甚至业主一伙也不得不承认他的业绩；在费城，咖啡馆向每一个乘船来到报告这一消息的人赠送礼品，果酒和啤酒免费让人们喝，州政厅中州长和市长及其穷人和300名绅士为富兰克林干杯。原来那些对富兰克林种种的诬陷攻击荡然无存，取而代之的是赞誉和掌声。

心系北美殖民地

北美殖民地权益守护人

自1766年2月印花税废止起，英国当局对于美洲殖民地的压迫变本加厉了。从1767年起，英国政府颁布条例。其中规定征收从英国输到殖民地的货物——纸张、玻璃、铅、颜料、茶的入口税，用来支付殖民地司法和行政的经费，并规定英国关税税吏有权闯入殖民地任何民房、货栈、店铺，搜查违禁品及走私货物；宣布解散纽约议会，因为

※富兰克林身着救火队长的服装

◇ 图 说 名 人 ◇

名人名言

这个世界上没有什么事情是确信无疑的，除了死亡和纳税。
——本杰明·富兰克林

※北美殖民地场景一瞥

纽约议会反抗1765年英国颁布的惩治叛变条例——该条例规定殖民地必须缴纳特别税，供养殖民地境内英国驻军的开支。纽约是英国驻军的集中地，所以纽约议会首先倡导反对缴纳这种特别税。英国政府的做法引起北美殖民地人民的普遍不满，英国与北美殖民地的关系日趋紧张。

这些极大地触动了富兰克林，他为此焦灼。他忧虑的是眼看着英国政府的殖民地政策使得殖民地日益远离了它。尽管他还在印花税废除以前就怀疑过在英国和北美殖民地之间究竟是否曾有过整体关系。

1767年4月11日，富兰克林在写给卡姆斯勋爵的信中说："变得十分重要的是，在英国和美洲形成基于坚实原则的真正的政治关系和属于那种关系的相互义务……我和你一样，完全相信，有了议会中帝国内各地平等而公正的代表的牢固的联合，足以建立政治繁荣的坚实基础。"

为此，他还雄心勃勃地筹划将殖民地推向北美洲广袤的西部。他的想法受到英国统治层中一些人的欣赏。一个是内阁中的殖民地事务大臣舍尔伯恩伯爵，年轻而大度，他对北美殖民地的要求表示理解，对这位比自己年长一倍的科学家满怀敬意。

1767年的某个时候,他向富兰克林吐露了他在北美西部地区开拓新殖民地的计划,把关于计划中如何处理涉及印第安人的打算告诉了富兰克林,富兰克林对之作了一番评论。1763年,白人移民越过山地,向英国政府要求印第安人的土地。

1765年,有人提议成立一个公司,向仍在伊利诺斯的法国移民购买土地。1766年,费城商号贝恩顿、沃顿和摩根公司、印第安人地区贸易商人和约瑟夫·加洛维、威廉·富兰克林会晤,建议不向法国人购买土地,而向英国王室请求得到这块——以俄亥俄河、密西西比河、威斯康星河和瓦巴什河为界的120万英亩土地。

他们邀请了王室的印第安人事务总管威廉·约翰逊加入他们,而由在伦敦的富兰克林物色英国的投资者并将计划书呈交内阁。这与富兰克林18世纪50年代曾从事过的在边疆购买土地作为殖民地的边界的计划有相似之处。舍尔伯恩伯爵和富兰克林想法的一致之处是将帝国的版图向西推去,划定印第安人同白种人之间的疆界——不大注意印第安人的意向——并建立殖民地。

1767年8月的一天,富兰克林和舍尔伯恩伯爵以及国务大臣亨利·西摩·康韦将军(曾在议会动议废止印花税)一同进餐。席间,舍尔伯恩伯

※印第安人

※亨利八世

爵和康韦将军告诉富兰克林,他们考虑把处理印第安人事务的权力从王室手中转给各个殖民地。

9月,英国内阁出现人事变动。康韦离职而去,诺思勋爵接替上一任内阁大臣主持内阁事务。富兰克林的年轻朋友舍尔伯恩将美洲事务的管理权交给了希尔斯伯罗勋爵。希尔斯伯罗对西部殖民地没有什么兴趣。新内阁向北美殖民地尤其是波士顿派出收税的官员,去制止走私、收取关税。关税现在已成为强加在殖民地人民头上的一种赋税。

在这样的形势下,富兰克林重又担当起维护北美洲殖民地权益的职责。

富兰克林此时的地位是微妙的:一方面,他是美洲殖民地人民的半官方代理人即具有外交人员的身份,从这种身份出发,他致力于弥合英国政府和他自己人民的裂痕,认为联合有助于双方的强大;另一方面,他又是一位哲学家、思想家,因而他习惯于探索并坚持真理。

在富兰克林心中,英、美应是平等的关系,即均为英王的臣民,而不应出现一方政府高踞于另一方政府的现象,英国议会无权向殖民地征税。因此,富兰克林已逐渐放弃了内外税有别,英国议会有权征收殖民地外税的观点。后一种身份和观点只停留在他的内心深处,他没有用它来唤醒殖民地民众;而前一种姿态则表现在口头上、行动上和文章中。这样,又使得英国政府认为他亲美;美洲殖民地认为他太温和,有亲英之嫌。富兰克林却继续以弥合双方的分歧为己任。

北美殖民地把事情做到明处。1768年,马萨诸塞州议会联络弗吉尼亚议会,共同发出巡回信件,呼吁殖民地各州团结御侮。于是英国政府颁布了一个条例:解散马萨诸塞议会。1768—1769年冬,英国内阁还准备将殖民地领导反抗的强硬分子拘往英国,以亨利八世时的叛国罪判刑。殖民地人民愤怒了。波士顿的商人率先起来,领导了全国性的抵制英货运动。殖民地人民组织起来,用武力抵抗英国税吏的搜

"印刷工"——富兰克林

查和压迫。这次空前广泛的反英运动,不仅抵制英货,而且要求废止该条例。在斗争中,华盛顿把1769年的弗吉尼亚决议引进下院,决议由乔治·梅森起草,华盛顿和托马斯·杰斐逊都在决议上签了名。杰斐逊那年26岁。抵制英货的结果,是英国向殖民地输出的贸易总额剧减。英国政府万般无奈之下废除了此类条例。

但是双方的矛盾不会因这次条例废除而消除,事实上也无法消除。这是一种利害冲突:英国统治者为了发展本国的资本主义工商业,不惜用各种手段打击、摧残北美殖民地的工商业。这一次,英国的商人、厂主甚至工匠都站在他们的政府一边。而殖民地人民尚未准备好迎接不可避免的越来越艰巨的斗争:他们还没有统一,他们中的大多数人还愿意效忠于英王。就在这时,英国当局对反抗的殖民地人民进行了一次血腥的镇压,这就是"波士顿惨案"。

这时的富兰克林继1768年被佐治亚、1769年被新泽西委任为代理人之后,于1769年12月被委托为马萨诸塞的代理人。1月17日,他为他

知识链接

波士顿惨案

从1765年英国颁布了驻营条例以后,一直有两团正规军驻防波士顿。

这些驻在北美殖民地的英国士兵,完全蔑视殖民地的法令,常常胡作非为,酗酒闹事,殖民地人民和英国驻军的冲突从未间断,尤其是1770年2月,英国税吏开枪杀害一名儿童,引起3月2日波士顿工人和英国驻军第二十团发生正面冲突。3月5日,波士顿又发生了英军凌辱学徒的事件,殖民地人民愤怒地聚集到驻扎英军的英王街上,对那名凌辱学徒的英军投掷雪球以泄愤。英军指挥官普利斯顿上尉下令开枪,打死了五名群众,他们全部是水手、工人和学徒。这次流血事件史称"波士顿惨案"。

波士顿惨案的消息很快传到其他城市,市民们纷纷起来抗议英军驻扎。波士顿这座仅有1.7万人的城市,竟有五万人加入到给死难者送葬的行列中。英国军队被迫撤出波士顿。

※波士顿惨案

的新使命谒见英国殖民地事务大臣希尔斯伯罗。

　　从维护北美殖民地利益出发，富兰克林义无反顾地站在殖民地一边，为北美洲殖民地的利益奋斗。在宾夕法尼亚，甚至当他领导着州议会的时候，他还时而站在议会和州长之间从紧急状况的需要出发作些调解。但是，他在波士顿的主要联系人托马斯·库辛和塞缪尔·库柏一向是反英的，富兰克林和他们站在一起。

　　自始至终富兰克林都把美英决裂看作是一场灾难。正因为此，他在英国期间，千方百计想尽一切办法，力图阻止双方走向这场"灾难"。对殖民地人民，他虽然认为有一切理由反抗，但希望反抗形式不要过于激烈；对英国当局，他把所有的镇压措施归咎于当权者的顽固和不明智，寄望由较好的大臣执政。他心目中的英、美应是一个强大帝国内两个可以共存共繁荣的个体，他要为这个美好的前景努力、努力、再努力。

"赫金森信札"事件

富兰克林1764年再次出使英国,而且在伦敦一住就是十年之久。作为科学家的富兰克林,在伦敦有着极为丰富且意义非凡的生活。

1766年冬天,在沃灵顿从事电学和化学研究的青年学者约瑟夫·普利斯特里来到了伦敦,找到富兰克林,想在编写一部电学史的著作方面得到他的帮助。富兰克林慷慨地为他提供了所需要的书,并将未曾向皇家学会报告的当年风筝实验的详情细节全盘告诉了他。在普利斯特里的书完成后,富兰克林读了他的手稿,并帮助他争取被选入皇家学会。

※富兰克林在伦敦住了十年之久。图为现在的伦敦

这个年轻人成了富兰克林在欧洲的最亲密的朋友。同年德国皇家科学学会选举富兰克林为会员。

1772年8月,富兰克林被法国皇家科学院接纳为"外国会员"。与富兰克林在英国乃至欧洲的学术圈子里广交朋友、声名大涨的同时,英国政界的最高当局英王和内阁对他却怀有另一种感情。

在这些英国高官眼中，富兰克林是他们在美洲殖民地敌人的代理人，始终站在北美殖民地人民的阵营，不断地向他们申言殖民地人民的权利，英国政府的任何政策凡涉及北美殖民地利益的，都会使他警觉并积极采取行动，或游说于各方面要人家中，或撰稿于报刊动员公众舆论，措辞尽管永远不失分寸，却绝不让步。此外，内阁中近来颇受英王宠信的诺思勋爵是希尔斯伯罗的朋友，希尔斯伯罗对富兰克林的仇恨心理以及为朋友鸣不平的愿望都影响了诺思对富兰克林的个人观感。英国当权者决心要将富兰克林从英国政坛和英美事务中驱除出去，问题是需要机会。

机会终于被他们等到了，那就是1773—1774年，发生了轰动一时

知识链接

"赫金森信札"事件

"赫金森信札"指的是马萨诸塞州州长托马斯·赫金森于1768—1769年写的六封信和首席检察官安德鲁·奥利佛于1767—1769年写的四封信。收信人看来是在格兰维尔和诺思手下工作的英国官员托马斯·惠特利。

赫金森和奥利佛身为马萨诸塞人，却讨厌并破坏当地的民众组织，在1765—1766年期间反对印花税法案的斗争中，波士顿的人民群众一怒之下，毁坏了他们的房屋。不久后身任副州长的赫金森和任州秘书的奥利佛在给英国官方的信中多次建议对殖民地人民的反抗斗争实行高压政策。赫金森认为"必须对所谓英国式自由来一番改变"，奥利佛则主张"王室的官员应制定独立于州议会"的措施等等。

他们的信寄达惠特利手中后，被转呈格兰维尔、诺思等内阁大臣。他们的建议和主张对1768—1769年英国当局对北美殖民地的高压政策势必起了推波助澜的作用，它证实了波士顿反抗运动的领导人之一塞缪尔·亚当斯关于殖民地内部一些有地位的人如赫金森直接或间接地同英国最高当局有秘密通信联系的怀疑。

这些信被一些内阁大臣阅过后，因为托马斯·惠特利已于1770年6月去

"印刷工"——富兰克林

世,所以没有还给惠特利,而是落到其他人手中。这些人把它们转到了富兰克林手中。至于这些人的姓名,富兰克林为了信守诺言,始终没有披露。

富兰克林拿到这些信看了以后,认为应该让马萨诸塞的领导人知道信中的内容,以便让殖民地人民了解他们的斗争目标应该对准谁,让反抗斗争逐步升级的北美殖民地革命运动的领导人和群众意识到英王和英国内阁是误信了这些人的报告和建议,才对殖民地使用镇压手段的。归根结底,富兰克林的目的是让双方消除"误会",以保持英帝国的联合与统一。这样,富兰克林在1772年12月2日给库辛的信中谈了自己对此事的看法,并将十封信的原件寄回了波士顿。不料事与愿违。

的"赫金森信札"事件。

1773年下半年,英国和北美殖民地之间的关系继续恶化。茶叶税成为双方矛盾斗争的焦点。殖民地商人仍用走私的办法运进茶叶。

1773年,英国政府通过了旨在救济濒于破产的东印度公司的茶叶条例,准许该公司在北美殖民地廉价销售积压茶叶的专利权,并只对东印度公司征收轻微的茶税。这样一来,东印度公司输入的茶叶价格,比走私的茶叶价格便宜百分之五十。为了贯彻实行这一条例,英国政府重申:禁止北美殖民地人民购买走私的茶叶。而东印度公司在运进茶叶的同时,还可以捎带运进其他货物入口,因而必将干扰殖民地的市场。殖民地的走私商人感到恐慌了。

各殖民地走私商人便以爱国主义为号召,发动群众,抵制东印度公司的茶叶运来北美殖民地销售。

在费城和纽约,被动员起来的群众拒绝卸货;在查尔斯顿,茶叶虽然运上了岸,但不准其发售;在波士顿,一批青年在绰号"走私王"的韩寇克和塞缪尔·亚当斯的支持下,组织了波士顿茶党,于1773年12月16日,面涂油膏,头戴羽饰,化装成印第安人,登上了东印度公司的三艘茶船,将价值1万8千英镑的342箱茶叶全部倾入海中;在纽约、新泽西等地,也都相继发生倾茶事件。

波士顿倾茶事件

波士顿茶党行动的消息传到伦敦,富兰克林不以为然。他认为倾茶事件是"暴烈的非正义行动",波士顿人对此应主动、迅速地作出赔偿。而在这时,他自己的一场莫大的麻烦已经近在咫尺。

12月初,赫金森信件之事在伦敦造成了一桩丑闻。那些信件的收信人托马斯·惠特利的兄弟兼遗嘱执行人威廉·惠特利早在9月份就遭到人们闲言碎语的指责,说是他让那些信件公之于众的。原来,马萨诸塞州的议会领导人收到富兰克林转给他们的信件后,十分气愤,向英国政府要求解除赫金森的州长和奥利佛的首席检察官的职务。于是,赫金森信件的情况逐渐为世人所知。受到舆论谴责的威廉·惠特利矢口否认自己与此事有关。他回忆起1772年10月,正是在这些信被转寄到美洲去前不久,海关官员约翰·坦普尔曾向他要求看看他自己从美洲写给托马斯·惠特利的一些信,在得到遗嘱执行人威廉·惠特利的允许后,拿走了一些信。由于1757年曾同船横渡大西洋的缘故,坦普尔认识富兰克林。

在整个纠纷中,没有提到富兰克林的名字,富兰克林自己最初也保持沉默,因为他曾答应库辛,既不暴露信是从他这儿寄走的,也不把信是寄给库辛的秘密说出去。在惠特利和坦普尔决斗前后,富兰克林出城去了,直到事情发生过后才知道。当时,他"以为他们之间的问题已告结束,我仍然保持沉默,直到我闻知在惠特利先生恢复体力

"印刷工"——富兰克林

后,决斗可能还要进行一次,而惠特利先生正在逐渐康复。这时我认为该是我出来说话的时候了。由于这场纷争是因公众舆论而起,我就采取了能够平息公众舆论的最简捷途径"。

富兰克林选定在圣诞节在《公众广告》报上刊登了一则声明,在声明上富兰克林说明那两人对此事一无所知,毫无干系,"是我一个人得到这些有关信件,并将他们转寄到波士顿的。惠特利先生不可能传递它们,因为这些信从来就不在他的手中;而出于同样的理由,坦普尔先生也不可能取走它们"。

富兰克林的登报表明了他自己个人承担了一切责任,对他得到这些信的来源和在波士顿的收信人,他一直严格保守秘密。在伦敦的哪三个人给了他这些信,时至今日仍然是一个谜。因此,英国当局的怒火就一股脑地集中到他身上了。

1774年1月8日,富兰克林得到通知说王室枢密院种植园事务贵族委员会准备在下个星期二倾听马萨诸塞州议会关于要求撤除赫金森和奥利佛职务的请愿书。富兰克林马上通知了同为马萨诸塞州议会代理人的阿瑟·李(当时他在巴斯)和马萨诸塞州参事会代理人的博兰。博兰反对请律师帮助。

1月10日下午,富兰克林接到通知,州长和首席检察官的代理人伊斯雷尔·莫杜特已受到召见以提出意见。富兰克林由此得知自己已被置于一个不利的地位上。

第二天,在举行听证会的科克皮特,比平时更多的贵族出席了会议,副检察长亚历山大·韦德伯恩出场为赫金森和奥利佛辩护。在宣读了马萨诸塞州议会的请愿书以后,委员会指定由富兰克林提出论据。这时,富兰克林意识到自己已成为委员会的唯一攻击目标,便提出需要律师在场。这样,会议延期两个星期举行,各自散去做准备去了。

其间,听证会的事早已像长了翅膀似地传遍了伦敦的大街小巷,各种各样的传闻在城里不胫而走。有的说,内阁和朝臣对富兰克林转寄信件之事极为恼怒;有的说,有关方面在考虑逮捕富兰克林,没收他的文件,把他关入监狱,只不过是认为在听证会过后再采取行动更好;有的说,实际上,在马萨诸塞州议会的请愿书宣读之前,马萨诸塞州议会即将受到审查,而州长等人则将受到表彰。消息来源于何处,没人能说得清。

实际上,无论富兰克林和他的律师约翰·邓宁——前检察长和约翰·李——后来的检察长如何努

知识链接

波士顿茶党事件

1773年12月16日，诱发北美独立战争的波士顿倾茶事件爆发。要想弄清楚波士顿倾茶事件的来龙去脉，还要先说到英法两国争夺殖民霸权的战争。长期以来，作为欧洲两大强国的英国和法国，一直在为争夺欧洲和世界霸权而征战不已。1763年，英国在7年战争中最终取得了对法国的胜利，法国被迫将整个加拿大让给了英国，并从整个印度撤出，只保留了5个市镇。英国从此成为殖民霸主，逐渐迈向了日不落帝国。但是英国将这次战争的战费转嫁到北美殖民地的身上，引发当地居民的不满，这就引发了波士顿倾茶事件。

1773年，英国政府为倾销东印度公司的积存茶叶通过了救济东印度公司条例，它给予东印度公司到北美殖民地倾销积压茶叶的专利权，免交高额的进口关税，只征收轻微的茶税，条例明令禁止殖民地人们贩卖私茶，东印度公司因此垄断了北美殖民地的茶叶运销，输入的茶叶价格较私茶居然便宜一半还要多。这个条例引发了北美殖民地人民的极大愤怒。当时，北美殖民地人民饮用的走私茶占消费量的十分之九，由此可见，买走私茶的人是相当多的。当然，北美殖民地人民愤怒的原因主要还不是茶叶征税本身，而是倾销。当年的11月，7艘大型商船浩浩荡荡开往殖民地，其中3艘开往波士顿，其他4艘分别开往纽约、查里斯顿和费城。船还没靠岸，报纸评论便充满了火药味，纽约、查里斯顿和费城三地的进口商失去了接货的勇气，数以吨计的茶叶不得不再被运回伦敦。而运往波士顿的三艘茶叶，命运更加的惨，1773年的12月16日，塞缪尔·亚当斯率领60名自由之子化妆成印第安人潜入商船，把船上价值约1.5万英镑的342箱茶叶全部倒入大海。

力，也扭转不了在贵族委员会前辩论时的逆境。

富兰克林已经承认了自己转寄那些信件的事实，却拒绝披露其过程，他只能忍受韦德伯恩对此进行的一切指责。此外，这次会议是英国当局蓄意安排的，从选择了副检察长来为赫金森和奥利佛辩论这一事实本身就可以看出内阁的意图。况且，韦德伯恩在俄亥俄公司的问

"印刷工"——富兰克林

题上同希尔斯伯罗立场一致，坚决反对王室授予该公司土地，又同死去的托马斯·惠特利交情甚笃。关于这次听证会的安排，可以看作是英国当局的借题发挥，借机使他们头痛的富兰克林声名扫地，以否定马萨诸塞州议会的请愿书，最终达到打击北美殖民地反抗斗争的目的。就在等待第二次听证会召开的期间，波士顿又传来了新的毁茶事件的消息。

第二次听证会于1月29日召开。在枢密院的会议室里，委员会的委员们在一张长桌前就座，会议主席高尔坐在桌子的首席。旁听席不设座位，旁听者只能站着。旁听席中，纽约州代理埃德蒙·柏克站在主席座位旁的椅子后面，和他在街上相遇后结伴而来的普利斯特里站在他下首的一把椅子后面。

姗姗来迟的诺思本人站在普利斯特里对面的椅子后面。其他与会者和旁听者把房间挤得满满的。"所有的朝臣都得到了邀请，如同出席一个招待会。在一大群听众之外，不少于35名的枢密院成员在任何场合都从来没有如此神气"。

在将被征询的人中，韦德伯恩和莫杜特代表马萨诸塞正副州长，博兰代表州参事会，富兰克林和约翰·李代表州议会。其他还有已被选定将接替富兰克林任马萨诸塞代理人的弗吉尼亚的阿瑟·李，有曾代表坦普尔向惠特利挑战的南卡罗来纳的拉尔夫·伊泽德，有还未变成对革命的两面派的马萨诸塞州的爱德华·班克罗夫特。富兰克林本人站在房间一头的壁炉左边，正对着长桌边的那群贵族。他不时向人群中扫去几眼，看到了也在旁听席中的舍尔伯恩勋爵和年轻的杰里米·本泽德。他知道那是自己的朋友。

双方都准备好后，听证会开始了。富兰克林把写给达特茅斯的附有请愿书的信、请愿书、议会决议，最后还有那些信，一一地读了一遍。然后富兰克林的律师邓宁作了精彩的发言。他说，这不是一件法律诉讼案，也不是检举弹劾，州议会的决议和请愿书并没有提供证据作为殖民地不满的证明。州议会只是诉诸英明和慈悲的国王，请求恩惠即撤销州长们的职位，以平息目前的不安定，恢复古老的和平与统一。

听到这里，韦德伯恩，站在主席右首的两名枢密院成员之间，开始为州长辩护了。他说："这个问题之重要意义在于涉及王室有没有权力来雇佣一名忠实、坚定的佣仆来管理殖民地。"

他在叙述了州长们的施政经

※ 美国风光

历后,说是议会自己的不轨行为招来了英国的军队,而不是州长的请求。而议会对州长的恶感应"归咎于富兰克林博士。所以富兰克林博士才是这场阴谋的第一策划人和主要的导演者"。

在说到那些信件是如何到达富兰克林手中时,韦德伯恩断定富兰克林是用卑鄙无耻的手段获得的,"除非他是从偷了那些信的人那里盗取的",因而他希望委员会"给这个人打上印记,为了我们国家、欧洲乃至人类的荣誉……他玷辱了社会和人的尊严"。他把富兰克林那篇为坦普尔和惠特利洗刷罪名的声明说成是"表达了最冷酷、最有意为之的恶意"。

然后,韦德伯恩攻击富兰克林"满脑子装的是'伟大的美利坚共和国'的思想,所以他很容易滑向以一名独立的外国大使的口气说话",而一名外国大使是可能"贿赂一个恶棍去盗窃或出卖任何国家文件的"。他建议,对富兰克林"不论他在波士顿教了人们些什么,他至少在这儿是臣民,臣民伤害了另一臣民,就该负法律责任"。说到这里,韦德伯恩重重地捶了一下桌子。

他把富兰克林的目的说成是富兰克林和马萨诸塞州议会互相利用,把对方当作工具,来弹劾州长,目的是

"印刷工"——富兰克林

自己当州长,是"希望自己能成为超过罗马皇帝的暴君"。

在长达一个小时疯狂的对富兰克林的攻讦诟骂中,韦德伯恩大肆颂扬了州长们一番后,结束了自己的发言。68岁高龄的富兰克林戴着他那老式的假发,穿着曼彻斯特出产的带花纹的天鹅绒礼服,站在壁炉旁边一动不动,连脸上的表情都纹丝不动,目光中带着某种圣洁光彩的灰色眼睛,迎着面前这些人满怀敌意的表情,听着委员会不仅不作丝毫征询和核查,反而以一阵阵掌声相应和,他的目光中只有冷静。他知道,在这样的情势下,抗辩是毫无意义的。他只能保持沉默。在当时,沉默似乎意味着认罪,但只有沉默,从长远看来,才有可能转化为二者中的强者。因为这时的沉默,也代表无言的蔑视。

谁也不会想到,此情此景,富兰克林最感忧虑的并不是眼前,他忧虑的仍是英美关系的前途。2月15日,他给库辛写信时,这样描述自己的感受:"人们以为,在那种场合下我一定十分愤怒……但真的,我为我个人而有的感受早已消融在我对公共事务的忧虑中。当我看到所有的请愿和怨怼对当局来说是如此可憎,而唯一传输它们的渠道也越来越受到破坏,我便不知道和平和统一该如何在帝国的不同组成部分之间保持下去或得到恢复。"

就是这样怀着为自己而感到的愤怒和为美洲而感到的绝望,富兰克林以其特有的精明和明智,听完了韦德伯恩的长篇攻击。

委员会的决议是立即向枢密院提交报告否定马萨诸塞州议会的请愿书,因为它是"基于虚假而错误的借口之上"的。会议就这样结束了。韦德伯恩走出会议厅来到接待室,受到他的朋友们的热烈欢迎。

2月16日,富兰克林接到一封信,通知他已被解除了北美邮政总代理的职务。看来,当局在听证会之前就已经准备好这样做了。

富兰克林决定作一回击,写了《关于赫金森信件》的短文,文中说,他在政治生涯中所扮演的角色屡屡受到人们的审查,"对这些审查,我一般都报以沉默。我觉得,如果它们是正当的,我当改正而不是抗辩;如果它们是不正当的,那么短短的时间过去,我的清白必将得到证实。对那些洒泼到我人格上来的污秽之物,我任它们留着,我并不努力要除去它们,那反而会弄得满身都是,而是指望着那些东西干了以后便会自行脱落,正如俗语所说的那样"。但这篇反击的文章未能发表,一直到富兰克林的身后,它也未能面世。

一位荷兰友人让·英根豪兹写信来告诉富兰克林说,他在得知消息后十分难过。富兰克林回信剖白道:"我的好朋友,请相信,我没有做什么不正当的事,我之所为与人之荣誉和对我王及我国的职责是完全相符的。这一点必将大白于天下,正如它们现在就已为此间了解我的人所知的那样。我发现在此时此刻,我并没有失去一位朋友……我的确失去了一点他们的力量所能控制的一点东西,但没有那些我完全能行。"的确,韦德伯恩代表英国当局对富兰克林的攻讦和辱骂并没有使富兰克林失去朋友的信任。在听证会上,富兰克林在旁听席上的朋友们已经对它愤愤不平,柏克认为韦德伯恩的攻击简直是"不着边际",舍尔伯恩称之为"粗野下流的骂街",普利斯特里则气愤之极,后来在接待室里当韦德伯恩走过去想和他搭讪时,他立即转身走开了。希普利在这一年里所写的《早已想说的话》中批评政府对马萨诸塞的政策,赞扬"北美是世界上仅存的自由的独一无二的伟大捍卫者"。

在美洲,由于富兰克林的副手和内定的继任者阿瑟·李急于占据这一职位,对于富兰克林年复一年地留任颇为不满,甚至写信告诉波士顿方面说富兰克林颇受英国大臣(甚至包括希尔斯伯罗在内)的影响,得到马萨诸塞激进派的应和——他们早已认为富兰克林的立场和斗争方法太过温和。但关于1月29日听证会的消息传到马萨诸塞,所有这些猜疑即刻不攻自破,富兰克林重又成了美洲殖民地人民的英雄。敌对者的谩骂攻讦恰恰增加了自己人的信任。这是那些政敌们始料不及的。

恢复平民身份的富兰克林写信告诉马萨诸塞人说,他可能对他们已无实际用处,但他愿意在阿瑟·李逗留法国、意大利期间仍留在伦敦,尽心尽力一如既往地处理州议会在伦敦方面的事务。

"印刷工"——富兰克林

在宗主国和殖民地之间

波士顿倾茶事件使英国当局十分恼火，他们决定报复。1774年，英国当局颁布了五项高压政策的法令。这五项法令是：封闭波士顿海港法令，即在波士顿人民偿付被毁茶叶的价款前，断绝波士顿的对外通商；取消马萨诸塞自治的条例，即取消马萨诸塞地方宪法，改组其政治机构，州参议院议员、一切官吏的任免均由英王或州长任命；新驻营条例，扩大了1765年驻营条例规定的英国驻军的居住权限，规定英军可在一切旅馆、酒店及其他公共建筑物自由驻扎；司法权条例，规定英国官吏如犯罪，须送到英国或英属加拿大东部的诺法斯科西亚审判；魁北克条例，将俄亥俄河以北、宾夕法尼亚以西原为殖民地边疆的广大地区划归英王直辖殖民地魁北克。

这五项法令的颁布实施把北美殖民地人民的不满和愤怒推向了高潮，那里的人民称之为"不可容忍的法令"。抗议运动如同烈火燃遍了北美殖民地。各殖民地人民纷纷支援在英军围困下濒于绝境的波士顿人民；6月，塞缪尔·亚当斯起草公约，号召美洲人民抵制英货，各地纷纷响应；1772—1774年，从马萨诸塞起的北美各殖民地先后建立起已经演变为反英斗争的革命组织的通讯委员会；1774年9月5日，各殖民地议会派出代表在费城召开第一届大陆会议，共商反英斗争的大计。会上，北

知识链接

第一届大陆会议

1774年9月5日,北美殖民地在费城召开了殖民地联合会议,史称"第一届大陆会议"。除佐治亚缺席外,其他十二个殖民地的五十五名代表都参加了会议(多为富商、银行家、种植园奴隶主,佐治亚州因总督阻挠未参加)。大陆会议通过了《权利宣言》,要求英国政府取消对殖民地的各种经济限制和五项高压法令;重申不经殖民地人民同意,不得向殖民地征税,要求殖民地实行自治,撤走英国驻军。如果英国不接受这些要求,北美殖民地将于12月1日起抵制英货,同时禁止将任何商品输往英国。大陆会议同时还向英王呈递了《和平请愿书》,表示殖民地仍对英王"效忠"。尽管这次大陆会议没有提出独立问题,但它是殖民地形成自己政权的重要步骤。

第一届大陆会议

美殖民地独立的主张提出来了。

虽然富兰克林已对英王和英国内阁不抱什么希望,但是当时他的思想和立场还没有转到用革命来最后解决英国对殖民地的镇压、剥削上来。他十分矛盾,一方面他担心

"印刷工"——富兰克林

英国的疯狂镇压措施会激起殖民地的民变，使矛盾升级。另一方面他指望美洲殖民地人民的斗争会引起英国内阁更迭，使开明的英国政治家上台执掌政权。

而英国统治阶级中一些不同意采取走极端的统治方式的人士对于内阁目前的殖民地政策也感到忧虑不安，他们也在寻找某种渠道来和殖民地人民沟通，以妥协让步的办法解决危机。率先走出这一步的是病休三年后复出的威廉·皮特——卡萨姆勋爵。

1774年8月，卡萨姆到斯坦侯普家将富兰克林接到黑斯——卡萨姆勋爵府。富兰克林在这里受到礼遇。卡萨姆表达了对他的敬意和对美洲殖民地人民的敬意，仔细询问了殖民地的近况，谈到当局对马萨诸塞采取的措施，言辞间颇有不以为然之意。他表示，殖民地的法定权利应该受到尊重。

这正符合富兰克林的心理，他抓住机会表达了自己的心愿：希望英国的有识之士发挥作用，纠正目前内阁的错误做法，以恢复英国和殖民地之间的和平与团结。

卡萨姆赞许富兰克林的这个愿望，但认为共同反对内阁难以做到。因为英国的不少人认为北美殖民地企图独立或至少摆脱航海法的约束。富兰克林则否认了殖民地有独立的意图，但指出目前英国政府的殖民地政策不是从整个帝国的利益出发，而是为了维护一部分人的利益不惜损害另一部分人的利益。卡萨姆同意对殖民地的一些限制性措施应该加以修改。

虽然卡萨姆和富兰克林基于不同的方向出发，卡萨姆是从统治手法和统治后果的选择出发，而富兰克林则是出自真诚的政治理想，但两个人在一点上是相同的，即设法恢复英国和北美殖民地和谐统一的关系。这一点就成为他们后来合作的基础。

外界形势依然不利，9月，英国议会改选，其人事变动决定了它仍将遵从王室的意图行事，而英王乔治三世在7月份接见了刚从马萨诸塞来到英国的赫金森，听说封锁港口的决议生效，波士顿人感到沮丧、不日即将屈服的消息后，自以为高压措施已经奏效，变得更加肆意妄为。

富兰克林在伦敦的处境日益艰难，内阁中的人散布流言，使人认为他是引起殖民地与宗主国间误会的根源。他不得不经常更换住处以避免被捕。

但使双方达成和解的希望支持着他继续留在英国。

除了同卡萨姆勋爵保持密切联

系外，富兰克林还和另一批同卡萨姆怀有类似意愿的英国官方人士进行了接触。事情的起因却始于富兰克林同一位女士下棋。

1774年11月初的一天，皇家学会一位名叫雷珀的会员找到富兰克林并对他说，有一位小姐很想同著名的富兰克林先生对弈，并自信可以赢下这位科学家，所以拜托他代为联系，请富兰克林到她家中去。雷珀接着解释说，这位小姐是豪勋爵的一位姐妹，她有一些熟人，一定会使富兰克林喜欢的。富兰克林听了后，最初感到有些意外，但随即回答说自己已经久不下棋了，如果雷珀先生和豪小姐认为合适，他愿意奉陪。

雷珀将豪小姐的住址告诉了富兰克林后离去，临走时请富兰克林尽早去，而且不需要进一步的介绍。

富兰克林答应了自己直接去，却多少感到有些不自在——自己上门和一位素不相识的女子对弈。因此，他不禁延搁了些时日。直到30日那天，在皇家学会的选举宴席上，富兰克林又见到了雷珀。雷珀提起富兰克林上次的允诺和没有守约的事，并请富兰克林指定一个日期，他来邀约富兰克林一同前去豪小姐家。富兰克林被雷珀一提醒，不觉有些发窘，便答应在第二个星期五（12月2日）一定前去。

12月2日那天，雷珀果然约请富兰克林去了那一家，豪小姐已等在那里。

几局棋下过后，富兰克林感觉到豪小姐谈吐通情达理，举止优雅怡人，于是便毫不迟疑地答应了几天后再来造访。富兰克林做梦也没有想到自己的这样一位新相识——一位淑女——背后竟有着迫切的政治图谋。

原来，富兰克林的朋友福瑟吉尔又是内阁中殖民地事务大臣达特茅斯的医生。达特茅斯企图通过福瑟吉尔和富兰克林取得联系，福瑟吉尔同意了。

福瑟吉尔完成这项使命的伙伴是和美洲做生意的教友派商人、银行家大卫·巴克利。巴克利有一个在内阁中任大臣的朋友海德勋爵——前外交、邮政官员，现任兰开斯特公爵事务大臣。他们的安排似乎是通过富兰克林和豪小姐下棋这一"偶然事件"，给豪小姐之兄弟豪勋爵以机会和富兰克林交谈。因为达特茅斯以其阁员身份，不便直接同富兰克林接触。

而豪勋爵的长兄在美洲的乔治湖被法国人杀害，马萨诸塞人在威斯敏斯特教堂为他立了一块纪念碑，他的另一个兄弟威廉·豪爵士

"印刷工"——富兰克林

将军曾在路易斯堡和魁北克作战，现为议会议员、海军上将。他希望和富兰克林成为朋友，并通过富兰克林和殖民地人民建立良好的关系。

一度备受内阁诽谤和羞辱的富兰克林，转瞬间在英国成为空前重要的人物，阁员、议会反对派、商人、学者全都瞩目于他，希望他拿出摆脱目前恼人的困境的办法。

实际上，在富兰克林第一次同豪小姐下棋的前一天，巴克利就拜访过他。巴克利希望富兰克林提出殖民地和英国和解的条件，但富兰克林认为已无和解希望。然而豪小姐也逐渐地参与了进来，在下棋的同时，她小心地把话题引向英国同殖民地的关系。她说："对大不列颠和殖民地之间的争端该怎么办呢？我希望咱们可不要打内战。"

富兰克林说："他们应该相互亲吻，成为朋友。吵架有什么用？只会使他们同归于尽。"

"我赞成，"豪小姐又说，"但愿政府能起用你来为他们平息争端，我相信没人能干得比你好。你认为这事是不可行的吗？"

"毫无疑问，小姐，如果双方都着手和解的话。因为这两个国度之间没有根本的利害冲突。它毋宁说是一些细节问题，两三个有理智的人在半个小时里就可以解决它。

我感谢你乐于对我有这样的良好看法，但大臣们决不会想到派我去做这样有益的工作，他们宁愿诽谤我。"

"唉，"她说，"他们那样对待你真是可耻。真的，他们中有些人已经为那么做而感到羞愧了。"

这些富兰克林以为是偶然而作的交谈并没有使富兰克林想得更多，但不知不觉中已为他在当晚和福瑟吉尔的约会作了一定的思想准备。

见面时，富兰克林发现巴克利也在那里。经过一番商谈，富兰克林答应草拟一份和解计划。三人约定下星期二见。

下星期二很快到来，在此前富兰克林得知英军的盖吉将军已率部"将波士顿变成一堆灰烬"，决定放弃原拟计划，而代之以十七条双方"对话要点"。

当晚三人讨论了富兰克林的"十七点"。

在商业问题上，富兰克林提出，美洲殖民地可以宣誓在英国同外国交战时帮助英国，也可以接受英国的商业垄断，但要废除一切限制殖民地制造业的条例。福瑟吉尔和巴克利先是反对废除那些条例，但后来又答应重新考虑。于是双方达成妥协。

在殖民地权利问题上，富兰克林提出美洲殖民地承诺对英国的义

知识链接

《富兰克林自传》选读④

我做了一本小册子，每一美德分配到一页。每一页用红墨水画成七行，一星期的每一天占一行，每一行上注明代表礼拜几的一个字母。我用红线把这些直行画成十三条横格，在每一条横格的头上注明每一美德的第一个字母。在这横格的适当直行中，我可以记上一个小小的黑点，代表在检查当天该项美德时所发现的过失。

我决定给予每一项美德一个星期的严格注意，如此轮流替换。这样，在第一星期中，我密切预防关于节制的任何极细微的过失。其他的美德让它们像平时一样，只是每晚记下有关的过失。这样，假如在第一个星期中，我能使写着"节制"的第一行里没有黑点，我就以为这一美德已经加强了，它的相反方面已经削弱了，其程度也许足以使我扩大我的注意力到下面的一项，争取在下一周内在两行中都没有黑点。这样下去直到最后一项，我可以在十三个星期内完成一个完整的过程，一年可以循环四次。一个人要替一个花园拔草，他不能企图一次就消灭所有的野草，这样做会超过他的能力，但是他在某一个时候只对付一个花坛，在拔完了第一个花坛以后，才动手第二个。像他一样，我希望我能令人快慰地在我的表格上看到我在品德上的进步，在逐步地清除了横行中的黑点之后，直到末了，在几个循环之后，在十三个星期的逐日检查以后，我会愉快地看到一本干净的簿子了。

务的最基本条件就是英国必须将殖民地的立法权还给殖民地人民，并且不在和平时期征税。富兰克林特别强调，坚决反对英国议会改变美洲殖民地的法律和宪章，表示为捍卫自己的法律和宪章，殖民地人民"不惜付出生命及一切代价"。于是，双方的分歧就出现了，如对于不经殖民地立法机构同意，英军不得进驻殖民地等。

海德或达特茅斯看到商谈结果后，认为"可以说看到了一线光明"，但同时觉得条件"相当高"。

12月18日，北美殖民地大陆会议的请愿书到了，富兰克林、博兰和阿瑟·李将它呈交达特茅斯。富

兰克林暂时中断了和福瑟吉尔及巴克利的活动，直到圣诞节，才通过豪小姐的安排，同豪勋爵见了面。富兰克林答应草拟一份条款。

12月19日，富兰克林把大陆会议的请愿书又呈递给了黑斯的卡萨姆勋爵。卡萨姆除了对一点有些异议以外，盛赞了这份请愿书。富兰克林向他指出在波士顿驻扎英军——或许这就是卡萨姆存在异议的一点——的危险。卡萨姆同意在上院为请愿书说些话。

在富兰克林第二次同豪勋爵见面时，豪勋爵拿出了巴克利交给他的"十七点"，说这些条件不可能在议会通过，他要求富兰克林重新考虑一份计划书。

富兰克林拒绝了。他提出，既然十七点不能被接受，希望内阁提出他们自己的。豪勋爵答应几天后作出答复。但是几个星期过去，内阁方面毫无动静。

原来，豪和内阁研究后，以为富兰克林在玩弄外交手腕，以为他从大陆会议得到授权和指示，准备在和英国政府有关人士打交道中随机应变，看准有利时机才做出妥协，因而没有继续和富兰克林交涉。

通过巴克利和福瑟吉尔同海德之间进行的谈判也没有结果。最后，福瑟吉尔到富兰克林那里去，告诉他说达特茅斯认为"十七点"中有一些是"合理"的，但有些是"不能同意或不可行的"。

1775年1月20日，卡萨姆再同富兰克林见面时，告诉他说，自己准备第二天在上院提出关于北美殖民地问题的议案，希望他能在场，并将提案的原稿让富兰克林过目。

提案建议请求国王从波士顿撤回军队，并在高度赞扬了大陆会议的行动的同时，肯定了北美殖民地人民反抗压迫性法律的行动，指出美洲人所做的正是英国人决不会忘记做的。这就是：捍卫英国的自由。这份议案在一定意义上说不啻是在代富兰克林发言。

在第二天上院会议上，提案被宣读了，另一位杰出的发言人卡姆登勋爵表示和卡萨姆勋爵持同一立场，其他几位贵族也作了精彩的发言。然而，提案却没能得到大多数议员的赞同。表决的结果以68比18之票数否决了提案。

提案没有通过，但卡萨姆告诉富兰克林，他还有一个计划，这个计划可以弥合英国和殖民地的分歧、恢复帝国和平。他不久将在上院提出。但在后来的几天中，两人忙于其他事务未能见面，富兰克林没能知道这个计划的内容。

直到1月27日，富兰克林应卡萨

姆的邀请乘邮车登门拜访，卡萨姆才将自己的计划向富兰克林和盘托出。在此之前，他只把计划内容告诉过卡姆登勋爵。

富兰克林看过计划的内容，只在其中"宪章"一词之后加上了"宪法"两字。其他的，他并无异议。

1775年2月1日这天，斯坦侯普勋爵受卡萨姆勋爵之托，前往富兰克林住处，用马车把他接到了上院。那时，上院议员已经到齐，卡萨姆勋爵作了精彩的发言，来介绍、解释和论证他的计划。卡萨姆刚一坐下，达特茅斯勋爵便站了起来，十分得体地说，如此关系重大的议案不宜立即表决，应将它放到桌面上仔细加以考虑。卡萨姆对此完全同意。看来，达特茅斯已受到了通过巴克利和福瑟吉尔同富兰克林进行的谈判的影响。

没有想到的是，对富兰克林和北美洲殖民地人民抱有敌意的桑德威克勋爵站了起来，暴躁而激烈地完全反对接受它。他表态说，这个计划应该受到它应得的蔑视并遭到否决，它看来完全是出自什么美洲人的手笔。桑德威克说到这里，把脸转向了富兰克林，说他猜想他已看到了那个起草这个计划的人，是这个国家所曾有过的最凶恶的敌人。这时，正如富兰克林后来自己所写到的："这使许多贵族的眼光都落到我的身上。但是，由于我并没有认为这是我写的，所以我面部的表情纹丝不动，仿佛它是用木头雕成的。"

这时，卡萨姆站了出来，针锋相对地肯定说，计划是他自己写的。但是，他毫不犹豫地宣布，如果他有幸成为这个国家的首席大臣并注意到解决这个意义重大的问题，他将毫无愧色地承认接受过一个人的帮助，这个人熟知全部美洲事务；这个人，他说，"整个欧洲由于他的知识和智慧而予之以高度赞扬，把他和我们的牛顿和波尔等量齐观；他不仅享有英国的尊崇，而且享有人类本性的光荣"。富兰克林感到"比起前面的过分夸张的诽谤来，我更难以承受这言过其实的赞扬。因此我尽可能保持一副与己无关的表情，仿佛没有感到这是在说我"。

卡姆登、舍尔伯恩、里奇蒙德公爵、曼彻斯特公爵和其他一些贵族纷纷发言赞成对卡萨姆的计划加以考虑。但是内阁大臣们同意桑德威克的意见，达特茅斯没有敢坚持己见来与他的同僚作对，立即表态改变先前的立场。

由此，虽然有这么多有才智之士出谋划策的、分量也不轻的计划书，却也遭到了无情的否决，众人无不感慨。

"印刷工"——富兰克林

知识链接

来克星顿的枪声

1775年4月18日晚，天空漆黑一片，两匹快马从波士顿向康科德方向疾驰而去。马背上的两个人，一个叫保尔·瑞维尔，一个叫威廉·戴维斯。他俩都是北美争取民族解放的秘密组织"自由之子社"的民兵战士。他们在波士顿打探到总督兼英国驻军总司令盖奇即将派军队到康科德搜查反英秘密组织的军火仓库，并要逮捕爱国者领导人。他们连夜骑马向各地的民兵报警。他们很快来到近郊的来克星顿村，把英国军队就要来搜查的消息告诉当地的民兵们，然后又飞身上马直奔康科德。民兵们得到消息后，很快集合起来，埋伏在树林里、公路旁，等候英军的到来。

19日清晨，天刚蒙蒙亮，800名穿着赭红色军装的英国轻步兵，在少校指挥官史密斯的带领下，乘着薄雾，偷偷地来到来克星顿村边。他们正要摸进村子，忽然发现村前的草坪上列队站着几十个村民。这些人个个手握着枪，怒视着英国人，史密斯发现情况不妙，举起军刀指挥英军向前冲杀。"砰！"英军向民兵开了第一枪，民兵立即向英军开枪还击。中弹的英军一个又一个倒在地上，在激战中有8位民兵战士献出了自己的生命。由于敌众我寡，英军很快冲进村庄，并向康科德镇猛扑过去。可是他们赶到时，民兵们早已把弹药库转移了，爱国者领导人也隐蔽起来。英军除了糟蹋粮食外，什么也没有找到。史密斯命令士兵赶紧撤退，可是已经晚了，四面八方响起一阵阵枪声，一排排子弹从房顶、树林、草丛中射来，穿着红色军装的英国士兵成了活靶子，一批接一批倒下。史密斯被打得抱头鼠窜，狼狈不堪地逃回波士顿。这一仗，北美民兵共打死打伤英国士兵247人，取得辉煌的战绩。来克星顿的枪声，揭开了北美独立战争的序幕。这枪声像信号一样，很快传遍英属北美13个殖民地。从此，反对英国殖民统治的战火燃遍了北美大地。

这以后，英国政府的镇压加剧了，武力镇压和商务限制双管齐下，目的是迫使殖民地人民屈服。2月4日，富兰克林作了最后一次尝试，和巴克利、福瑟吉尔进行了会谈。福瑟吉尔提到战争的恐怖。富兰克林对其"十七点"作了调整，三点被放弃了，四点得到接受，其余各点也都作了程度不一的修改。

几天后，富兰克林和巴克利、福瑟吉尔进行了第二次会谈，巴克利带来了一份草案作为富兰克林和内阁大臣妥协的谈判基础。根据草案，内阁压倒一切的愿望是马萨诸塞人认罪和屈服并付出行动。他们提出，殖民地的代理人应在给英王的陈情书中保证赔偿被毁茶叶；在赔偿茶叶后，波士顿港口才予开放。

富兰克林回答说他倒愿意作出保证，但恐怕没有时间说服马萨诸塞人同意；而且"如果这样一个保证生效的话，那么英国议会关于马萨诸塞的所有决议都得立即废除"。这就是富兰克林的最后立场。谈判失败了。

其后，富兰克林又拒绝了陪同豪勋爵赴美洲的建议，强调只有废除关于马萨诸塞的法案，才同意赔偿茶价。2月28日，富兰克林同豪勋爵会见，提出将马上返回美洲。因为这时他已得知了妻子黛博拉逝世的噩耗。

一周后他礼节性地会见了豪，结束了与阁员的交涉。在离开伦敦的前几天，他最后同巴克利、福瑟吉尔见了一面。

3月19日，富兰克林和柏克一道待了几个小时。三天后，柏克在国会发言倡议和解，但没有效果。

富兰克林在伦敦的最后一天是和普利斯特里一起度过的。普利斯特里从富兰克林的谈话中听得出来，他为内战即将发生而深感忧虑，可自己感到问心无愧，因为他已经尽心尽力。

谈话中，富兰克林有些激动，他眼含欲滴的泪水告诉朋友，如果真的打起仗来，他相信北美洲殖民地人民将取得胜利。

富兰克林对故乡北美殖民地充满深情，出使伦敦十余年，无时不牵挂着故乡。他为了北美殖民地的利益，一直希望殖民地留在英帝国内部，和宗主国一道繁荣强盛，为此他置个人的荣辱毁誉于不顾，尽一切努力周旋于英国权贵之中。由于英国和殖民地之间的利益冲突，也由于他梦想中的英帝国内和平共处的基本前提是北美殖民地和英国本土的平等，是坚持北美殖民地人民的自由和权利，这就注定了他百般的外交努力必然归于失败。但是，他失败得悲壮，失败得光荣。这一失败也使他多年的美梦破碎无遗，令他毅然决然地走上了革命道路。1775年3月底，富兰克林从朴次茅斯登舟返回故乡费城。

一个多月后，当富兰克林再次踏上故乡费城的土地上时，来克星顿战役爆发了，伟大的美国独立战争终于打响了。

"印刷工"——富兰克林

催生宪法

就在美国独立战争就要结束时,应形势所需,美国成立了联邦政府,联邦政府取代了大陆会议行使权力。但联邦政府的权力有限,各州仍保留着自己的"主权、自由和独立"。因此,在解决战后初期国内的各种经济困难和政治动荡时,联邦政府也无所作为。于是,建立一个更强有力、更加集权的政府的要求提出来了。这就需要一个适应新形势的宪法。

1787年3月28日,富兰克林当选制宪会议的代表。5月14日,制宪会议在费城召开,在三四个月的会期中,富兰克林每天11点到会。

富兰克林在制宪会议中的作用主要是和解,不是引导代表们走向哪一特定的方向,而是设法使代表们保持一致。他自己最喜爱的政治理想——院制议会、复式行政机构、公务员无薪制——没有一项被会议采纳。每当有他发言时,他总预先把发言

※ 美国制定宪法

内容写在纸上，请人替他念，因为他不能长时间地站着。

6月2日，他动议行政官员无薪，得到亚历山大·汉密尔顿的附议，但没有被采纳。麦迪逊回忆道："它受到十分尊重的对待，但与其说是由于相信它的有用性和可行性，还不如说是由于动议的提出者。"可见人们对富兰克林的尊重。

在制宪会议的开头两个星期中，较大的州在有些小州的支持下，在国家议会的两院中均以人口决定代表席位的提案得以通过。多数小州则马上表示不满，坚持他们在邦联制下所享有的同等权力。双方争执不下，会议气氛紧张。

6月28日，富兰克林动议在开会前先向上帝祈祷。代表们虽没有所行动，但这一提议本身和富兰克林的虔诚祈求上帝帮助的发言，却起到了缓和会场气氛的效果。

到决议那一天，一些小州的代表已在扬言，如果没有平等代表席位，就散会。但在富兰克林的协调下，人们的头脑冷静下来，会议开始了。

美国宪法制定两天后，富兰克林再次呼吁持不同意见的双方，各自做些让步以达到立场的接近。

7月2日，富兰克林被选入一个大委员会。在这个委员会中，一州只有一名代表，任务是在大、小州的议员议席问题上寻找出妥协的办法。

在大委员会会议上，富兰克林先倡行在两院都实行比例代表制，讨论的结果是较小的州不同意。最后，在富兰克林动议的基础上，委员会达成了妥协。7月5日委员会向制宪会议报告了这一妥协方案。

这一妥协方案在制宪会议上以5（康涅狄格、新泽西、特拉华、弗吉尼亚和北卡罗来纳）比4（宾夕法尼亚、马里兰、南卡罗来纳和佐治亚）被采纳。马萨诸塞州代表分为几派，无法参加表决。

这是惯于寻求妥协方案的富兰克林平生所做的最重大的协调之一，它直接关系到美国宪法能否在它最被需要的时期问世。

7月13日，一名来费城访问的马萨诸塞州生物学家马纳塞·卡特勒被人引见去拜望富兰克林。那是一个下午，富兰克林在他自己的家里接见了来访者。按卡特勒自己的话说："富兰克林从椅子上站了起来，握住我的手，表示见到我很高兴，并请我在他身边坐下。他的嗓音低沉，但他的表情开朗、坦率、令人愉快。"他读了来人的介绍信，又握了卡特勒的手，并把他介绍给在场的人。

在场的男士都是制宪会议的代

"印刷工"——富兰克林

表。在富兰克林的花园里,大家坐着谈话,天黑了下来,人们就把茶端到树下来继续交谈。在卡特勒看来,那些代表们都很喜欢富兰克林。

再晚些时,富兰克林把人们领进了他的书房,卡特勒认为那是"美国最大、也是最好的私人图书馆"。卡特勒还参观了他的一些"古董":一架玻璃机器,展示着人体内动脉和静脉中的血液循环;富兰克林发明的用来复写信件的滚筒印刷机;还有长长的人工胳臂和手,它们可以从高高的书架上取书或放书;他的巨大的有扶臂的摇椅,一把大扇子在它的上方,那是他用来扇凉、赶苍蝇的。在他的壁炉架上,有一大堆的奖章、胸像和一些蜡像、石膏像。

制宪会议开了两个多月时,有人认为行政被列为第二位是贬低了它。发言不多的富兰克林在7月26日指出,"这样的观点和共和的原则背道而驰。在自由的政府里,治理者是仆人,人民居于其上,是主人"。

富兰克林就外国人任公职问题发表了看法。他认为外国人在美国任公职不应需要居住14年之久,不应像制宪会议上提出来的那样。因为一些外国人在美国曾服务得很出色,而一些土著人却加入了反对祖国的行列。

9月17日,星期一,是最后签署宪法的日子。

次日上午11点,宾州代表出现在州议会会场上,富兰克林向议长发布了联邦宪法签署的消息。

富兰克林终于有信心将美国的这部宪法比喻为东升的旭日了,他参与了将这轮红日托出海面。这是他的老迈之躯为他所热爱的祖国作出的最后一大贡献。

9月21日,宾州立法会议开会。12月12日,批准了宪法。13日,这一批文正式在法院公布,宾州政府的所有官员举行了简单的别出心裁的庆祝典礼,那就是全部列队从州政厅出来,然后再走回去。

※富兰克林石雕像

巨星陨落

1785年,富兰克林回到了他念念不忘的故乡——费城。

10月31日,宾州人第三次把富兰克林选举为宾州州长,但10月刚过,富兰克林就病倒了。在第二年1月3日到3月12日,他一次都没能到州政厅、参事会视事办公。

在他任期内的最后几个月里,宾州的行政参事会一直在富兰克林家中举行。连1788年9月16日传来的十一州批准宪法的消息都是在富兰克林家中得知的。

1788年10月,托马斯·密弗林当选州长,继任了富兰克林连任了3年的职位。富兰克林最终离开了他服务于其中60余年的政治生活。

多年来竭心尽力的工作,耗损了他健壮结实的身体,乐天、开朗的富兰克林终于被年老、疾病击倒了,他用立遗嘱的举动承认了这一点。

现在,富兰克林彻底闲下来了,他开始续写自传。他在1786年11月26日开始动笔,以后几次中断;1788年10月22日起又写到12月9日结石病重为止。至此,富兰克林不能再执笔写作了。那以后,他只能口述,由外孙笔录。

富兰克林的最后一个冬天是在亲人环护中度过的。他的孙女黛博罗每天喝过茶就来陪他。

杰斐逊在赴联邦政府国务卿之任的途中,到费城探望富兰克林,那是这位老人去世前9天。杰斐逊目睹他清晰地一气写完了他此生的最后一封信,暗自为这个久病垂危者惊人的脑力而惊叹。

1790年4月17日,富兰克林好像知道自己就要离世,忽然起了床,请人们帮他整理一下床铺,以便让他死得像样些。女儿莎拉·富兰克林听了悲从心来,对他说,她要他好起来,再活许多年。富兰克林平静地说:"我不希望这样。"他已经看到了最后时刻的来临。

就在那天夜里11点,这位伟人溘然逝去,走完了他八十四年的春秋。

4月21日,费城人民为他举行了葬礼,两万人参加了出殡队伍。码头

知识链接

遗 嘱

1788年夏天,富兰克林开始撰写遗嘱。除了个人遗产外,他将他的书籍、手稿、科学仪器和乐器在他的亲戚、朋友、图书馆、美洲哲学学会、波士顿艺术科学院中作了分配。他赠给波士顿的免费学校校董会100镑,用来每年颁发银质奖章。富兰克林银质奖章从1793年首次颁发,到1922年,奖章数字已达4000枚左右。

1789年6月23日,富兰克林对他的遗嘱作了增补:把金头手杖赠给华盛顿;用未动用的州长薪水赠给波士顿和费城各1000镑,用于发放给25岁以下、完成学徒合同条款的已婚青年的贷款,年息为5%,每年偿还1/10本金,所得利息再借给其他具备类似条件的青年,到100年时,此贷款可用总额为13.1万镑,将其中10万用于公共工程,其余的再用于上述条件的青年,贷款100年。第二阶段可以得到406.1万镑,其中106.1万用于两城居民,300万用于该州政府。

富兰克林的家产到1789年约为20万美元,因而他从美洲返回费城之时起就心怀此志:将钱财用于帮助像当年的他一样勤勉、上进但无人资助的学徒青年。富兰克林的这两笔基金,在费城,1907年达17.235万镑,其中13.3076万镑转往富兰克林学院,余下的到1936年达13.266万镑;在波士顿,第100年达39.1万镑,一部分用于公共工程。在安德鲁·卡涅吉的帮助下,利用此基金创办了富兰克林技术学校,其余的在1891年再投资,到1935年达59.3万镑。

※ 富兰克林手稿

上船下半旗，教堂钟楼里哀钟长鸣。

4月22日，詹姆斯·麦迪逊在参议院动议为富兰克林的逝世服丧一个月以示哀悼，被不经讨论地通过；6月11日，在巴黎的国民议会中，米拉波动议各国应为富兰克林先生之逝世哀悼3天，拉法耶特、拉·罗其福考尔德附议，议员鼓掌通过；第二年3月1日，富兰克林原来的敌人威廉·史密斯在美洲哲学学会向路德派教堂发去一篇赞美词，赞美逝去的富兰克林。

本杰明·富兰克林这位伟人静静地躺在教堂院子里的墓穴中，他的第一块墓碑上只刻着：印刷工富兰克林。第二块墓碑是群众为他后立的，碑文是：从苍天处取得闪电，从暴君处取得民权。两句碑文概括了他一生中的两件最辉煌的事业。